Christine Nöstlinger
Der Zwerg im Kopf

Christine Nöstlinger

Der Zweg im Kopf

Bilder von Jutta Bauer

BELTZ
& Gelberg
J&V

Christine Nöstlinger-Edition der Verlage
Beltz & Gelberg, Weinheim, und Jugend und Volk, Wien.
»Am Montag ist alles ganz anders«
»Anatol und die Wurschtelfrau«
»Das Austauschkind«
»Der geheime Großvater«
»Maikäfer, flieg!«
»Oh, du Hölle!«
»Rosa Riedl, Schutzgespenst«
»Wetti & Babs«
»Der Zwerg im Kopf«

»Der Zwerg im Kopf« wurde mit dem Zürcher Kinderbuchpreis
»La vache qui lit« ausgezeichnet.

Dieses Buch ist auf Papier aus
chlorfrei hergestelltem Zellstoff gedruckt.

1.–20. Tsd. dieser Ausgabe, 1994

Vertrieb in Österreich durch J&V-Edition Wien/Dachs Verlag G.m.b.H.
Einbandgestaltung von Jutta Bauer und Gesa Denecke
Einbandbild von Jutta Bauer
Gesamtherstellung Druckhaus Beltz, 69494 Hemsbach
Printed in Germany
ISBN 3 407 79638 2

Den Zwerg im Kopf hatte Anna schon lange…

Den Zwerg im Kopf hatte Anna schon lange. Ein paar Tage nach ihrem sechsten Geburtstag, am Abend, war es passiert: Anna stand gähnend vor ihrem Bett und wollte die geblümte Steppdecke zurückschlagen. Da entdeckte sie den Zwerg. Auf einer rosaroten Rose saß er. Ein winziger Zwerg war das. Samt violetter Zipfelmütze nicht größer als Annas kleiner Fingernagel. Und eine ganz leise Stimme hatte er. So leise, daß Anna ihn erst verstehen konnte, als sie ihn – zwischen Daumen und Zeigefinger – ans Ohr hielt. Da hörte sie ihn dann jammern: »Gib doch acht, verdammt noch mal, du zerquetschst mich ja total!«
So setzte Anna den Zwerg in der Ohrmuschel ab, doch das war ihm auch nicht recht. Jetzt greinte er: »Spinnst du? Ich bin nicht schwindelfrei!«
Vor lauter Angst, aus der Ohrmuschel zu fallen und sich zu Tode zu stürzen, krallte der Zwerg seine Fingerchen in Annas Ohr hinein. Das tat so weh, daß Anna loskreischte und wie wild den Kopf schüttelte, um den Zwerg vom Ohr zu beuteln. Leider beutelte sie ihn nicht vom Ohr herunter, sondern ins Ohr hinein. Ganz tief hinein! Dabei verlor der Zwerg die violette Zipfelmütze. Die zog Anna schließlich, immer noch kreischend, aus dem Ohr heraus. Den Zwerg bekam sie nicht mehr zu fassen.
Anna rannte ins Wohnzimmer. Zum Papa. Der Papa saß auf der Sitzbank und stopfte den roten Socken von Anna. Den, der an der Ferse ein großes Loch hatte.

BERNER

»Papa, ich habe einen Zwerg im Kopf!« brüllte Anna. »Hol den sofort heraus!«

Der Papa legte den roten Socken und die Stopfnadel weg und lachte.

»Da ist er rein!« brüllte Anna und schlug sich auf das linke Ohr.

»Macht doch nichts«, sagte der Papa und lachte weiter. »Ein Zwerg im Kopf ist doch etwas Feines. Da kann dir der Zwerg ab jetzt immer die Gutenachtgeschichte erzählen. Ein Zwerg kann das garantiert viel besser als ich!«

Der Papa glaubte Anna nicht. Er hielt die Zwergen-Geschichte für einen von Annas hundert Tricks, nicht ins Bett gehen zu müssen.

»Du bist schön blöd!« brüllte Anna verzweifelt. Sie griff in den Nähkorb und holte eine Häkelnadel heraus. Mit der wollte sie den Zwerg aus dem Ohr ziehen. Der Papa riß ihr die Häkelnadel aus der Hand.

»Du bist schön blöd!« rief er. »Mit der Häkelnadel zerstichst du dir das Trommelfell und wirst taub!«

»Aber der Zwerg muß doch raus!« Anna fing zu schluchzen an.

Der Papa merkte, daß Anna nicht bloß Spaß machte. Er hob die schluchzende Anna hoch und trug sie ins Vorzimmer. Er holte die große Taschenlampe aus dem Vorzimmerschrank und leuchtete in Annas linkes Ohr hinein.

»Da ist kein Zwerg drinnen«, sagte er. »Tot umfallen soll ich, wenn ich lüge! Da ist bloß ein bißchen Ohrenschmalz drinnen und sonst gar nichts!«

Anna hörte zu schluchzen auf. Der Papa trug sie in ihr

Zimmer. Er legte sie ins Bett, deckte sie zu, gab ihr einen Kuß auf die Nasenspitze, einen Kuß auf die linke Wange, einen Kuß auf die rechte Wange und einen Kuß auf den Mund. Dann löschte er das Licht und ging aus dem Zimmer. Die Zimmertür ließ er offen. Das wollte Anna immer so haben. Hinter einer geschlossenen Tür konnte sie nicht gut einschlafen.
Anna lag im Dunkeln und dachte: Wahrscheinlich ist der Zwerg aus dem Ohr gefallen, wie ich ins Wohnzimmer gelaufen bin, wahrscheinlich liegt er jetzt irgendwo auf dem Fußboden herum. Ich sollte ihn suchen. Vielleicht hat er sich weh getan…
Dann schlief Anna ein. Das viele Schluchzen hatte sie nämlich sehr, sehr müde gemacht.

Am nächsten Morgen, noch vor dem Frühstück, machte sich Anna auf die Suche nach dem Zwerg. Auf allen vieren kroch sie durch die Wohnung. Jeden Winkel suchte sie ab. Den Zwerg fand sie nicht.
Dann sah sie, mitten im Zimmer vom Papa, den Staubsauger stehen. Da hatte der Papa also heute, in aller Herrgottsfrühe schon, Staub gesaugt! Da war also der Zwerg garantiert im Staubsauger drinnen!
Anna öffnete den Deckel vom Staubsauger und nahm den Staubbeutel heraus. Der war knallprall voll Dreck. Anna trug den Staubbeutel ins Badezimmer, stöpselte die Badewanne zu und leerte den Staubbeutel vorsichtig über der Wanne aus. Viel grausiger Dreck fiel in die Wanne, viel muffiger Staub wirbelte durch die Luft.
Vier Glasperlen, drei Heftklammern, zwei Groschenstük-

ke und eine Stecknadel fand Anna im grausigen Dreck. Doch bevor sie den Staubsaugerdreck noch fertig durchsucht hatte, kam der Papa ins Badezimmer und schrie: »Da trifft mich doch gleich der flüssige Schleimschlag! Hast du denn nichts als Blödmatsch im Hirn?«
»Ich suche nur den Zwerg«, entschuldigte sich Anna.
Aber der Papa hörte gar nicht hin. Wild fluchend zog er den Stöpsel aus der Badewanne, drehte die Handbrause auf und schwemmte den grausigen Dreck in den Abfluß. Der grausige Dreck verstopfte den Abfluß. Der Papa lief in die Küche und kam mit dem Salzsäure-Abflußreiniger zurück; die ganze Dose schüttete er in den Abfluß. Der Salzsäure-Abflußreiniger löste zischend, stinkend und schäumend den grausigen Dreck auf.
Anna dachte: Wenn sich der Zwerg nicht schon beim Sturz aus meinem Ohr das Genick gebrochen hat, wenn er schon nicht im Staubsaugerdreck erstickt ist, wenn er schon nicht im Wasser ersoffen ist, dann hat ihn jetzt die Salzsäure aufgelöst!
Sie beugte sich über den Badewannenrand und murmelte ins Zischen, Stinken und Schäumen hinein: »Ruhe in Frieden, amen!«
Der Papa drehte wieder die Handbrause auf und spülte den Salzsäure-Abflußreiniger mit viel Wasser weg.
»Ich schwöre dir!« sagte er zu Anna. »Wenn das noch einmal passiert, dann gebe ich dich zur Adoption frei! Unter Garantie!«
»Dann bekomme ich wenigstens einen netten Papa«, sagte Anna, marschierte aus dem Badezimmer und überlegte, ob sie sich über den Tod vom Zwerg freuen sollte oder ob

sie darüber traurig sein müßte. Sie beschloß, nicht traurig zu sein. Der Zwerg war ja nicht sehr freundlich zu ihr gewesen. Und zum Spielen wäre er auch viel zu klein und zu wehleidig gewesen! Wer brauchte schon einen kleinfingernagelgroßen Zwerg, der nicht einmal schwindelfrei war?
Und außerdem wollte Anna mit Zwergen überhaupt nichts zu tun haben.

Zwei Wochen später, als Anna in ihrem Zimmer am Schreibtisch saß und aus großen, bunten Holzperlen eine lange Kette auffädelte, gähnte es in ihrem Kopf. Laut und deutlich. Und dreimal hintereinander. Und dann sagte der Zwerg: »Jetzt bin ich anscheinend wieder einmal ordentlich ausgeschlafen!«
Der Zwerg gehörte nämlich zu einer Zwergenrasse, die sehr viel Schlaf braucht. Er schlief immer ein, zwei, drei Wochen, manchmal sogar ein, zwei, drei Monate lang, dann war er ein bißchen wach. Fünf Minuten, ein halbes Stündchen, aber freiwillig nie länger als eine Stunde. Wenn es unbedingt sein mußte, schaffte er es natürlich auch, einen ganzen Tag lang wach zu sein. Doch das ging ihm dann enorm gegen seine Natur.
Anna dachte erschrocken: Verdammt, der Zwerg ist doch nicht tot!
Der Zwerg sagte: »Find ich aber ziemlich gemein von dir, daß du mich tothaben willst!«
Anna dachte: Wieso weiß der verdammte Zwerg, was ich mir denke?

Der Zwerg sagte: »Also bitte, schließlich sitze ich mitten in deinem Kopf, da werde ich doch wissen, was dein Hirn denkt!«

Am liebsten hätte Anna wieder laut losgekreischt und wie wild den Kopf geschüttelt. Aber daß Kreischen und Kopfschütteln gegen Zwerg-im-Kopf nichts hilft, das wußte sie nun ja schon. Und der Papa war auch nicht daheim. Der war im Büro. Nur die Frau Brauneis war da. Die kam jeden Vormittag unter der Woche, putzte die Wohnung, kochte Mittagessen und paßte auf Anna auf.

Die Frau Brauneis mochte Kindergeschrei nicht. Fuchsteufelswild wurde sie, wenn Anna nicht brav-leise war. Und von Zwerg-im-Kopf verstand sie garantiert noch viel weniger als der Papa.

Stocksteif und bleich um die Nasenspitze herum saß Anna da. Die Kette mit den bunten Holzperlen fiel ihr aus den Händen. Die Perlen glitten von der Schnur und rollten über den Boden.

Ein paar Perlen kullerten ins Vorzimmer hinaus. Gerade in dem Augenblick kam die Frau Brauneis aus dem Wohnzimmer in das Vorzimmer. Sie trat mit jedem Fuß auf eine Holzperle, kam ins Schlittern, segelte der Klotür entgegen, ging dort zu Boden, kreischte »Jessasna!«, holte die zwei Holzperlen unter ihrem Hintern hervor und stöhnte ganz fürchterlich. Dann rappelte sie sich hoch und humpelte zu Annas Zimmertür. Anklagend hielt sie Anna die zwei Holzperlen hin.

»Du bist mir vielleicht ein Kind«, keifte sie. »Wegen dir habe ich mir jetzt das Steißbein geprellt! Auf dich aufzupassen ist ja lebensgefährlich!«

Anna gab ihr keine Antwort. Sie war noch immer ganz bleich um die Nasenspitze herum und ganz stocksteif.
»Wenigstens um Entschuldigung könntest du mich bitten«, schimpfte die Frau Brauneis. »Aber Manieren hat dir ja anscheinend niemand beigebracht!«
Weil Anna wieder keine Antwort gab, drehte sich die Frau Brauneis um und machte sich daran, die verstreuten Perlen vom Vorzimmerboden aufzuklauben. Dabei schimpfte sie vor sich hin: »Für dieses Kind braucht der Mensch Nerven wie Schiffstaue so stark! Da stünde einem ja wirklich Gefahrenzulage und Schmerzensgeld zu. Schön langsam wird mir das zu bunt! Demnächst suche ich mir eine andere Arbeit!«
»Besser heute als morgen!« sagte der Zwerg in Annas Kopf. »Diese alte Sauertöpfin gehört ja zerlegt und durchgeputzt und frisch geölt!«

Da kam wieder Blut in Annas Nasenspitze, und stocksteif war sie auch nicht mehr. Der Zwerg, dachte sie, hat ja ganz brauchbare Ansichten!
»Sowieso«, sagte der Zwerg.
Wäre gar nicht so übel, dachte Anna, den Zwerg zur Unterhaltung zu haben. Mir ist ohnehin sehr oft sehr langweilig.
»Sowieso«, sagte der Zwerg.
Aber im Kopf drinnen, dachte Anna, brauche ich ihn nicht. Ich könnte ihm ein schönes Haus bauen. Aus einer Zigarrenkiste vom Papa. Für ihn gehen da leicht fünf Zimmer, Küche und Bad hinein.
»Z-z-z-z-z-z-z-z«, machte der Zwerg. Er schien sich das Angebot zu überlegen.

Und einen hübschen Vorgarten könnte ich basteln, dachte Anna. Aus grünem Filz. Und aus einem Zündholz ließe sich eine feine Wippschaukel machen!
»Z-z-z-z-z-z-z-z«, machte der Zwerg. Es klang nicht gänzlich abgeneigt.
Anna lief zur Stellage, wo auf einem Bord alle ihre Spielzeugautos standen.
Ein Auto könnte der Zwerg auch haben, dachte sie.
»Kannst dir eines aussuchen«, flüsterte sie. »Einen Mercedes oder einen BMW? Oder magst lieber einen Volvo-Laster mit Anhänger? Auch einen Jeep mit Vierradantrieb kannst haben. Oder willst lieber eine Eisenbahn?«
»Mit mir brauchst nicht zu flüstern«, sagte der Zwerg. »Das kannst dir sparen! Ich hör ja sowieso, was du dir denkst! Und dein liebes Angebot muß ich leider ablehnen. Nett wär's ja, aber es geht nicht. Ich bin ein Kopf-Zwerg. So wie ein Apfelwurm in einen Apfel gehört, gehöre ich in einen Kopf. Ich brauche Kopfwärme. Frische Luft bekommt mir nicht. Die steh ich gerade ein paar Minuten durch, ohne mich elend zu fühlen. Ich bleibe also besser, wo ich bin. Aber meine Zipfelmütze könntest du mir geben. Ohne die fühle ich mich ein bißchen nackt!«
Anna überlegte, wo die winzige Zipfelmütze hingekommen sein könnte. Wahrscheinlich, dachte sie, hat sie die Frau Brauneis beim Saubermachen weggeworfen.
»So gründlich putzt die alte Sauertöpfin auch wieder nicht«, sagte der Zwerg. »Wenn ich nicht irre, liegt meine Zipfelmütze unter deinem Bett, beim linken oberen Bettpfosten.«

Der Zwerg hatte recht. Die Mütze war unter dem Bett. Beim linken oberen Bettpfosten. Anna zupfte sie von Staubwuseln frei.
Sie dachte: Ist es gleich, bei welchem Ohr ich sie mir hineinstopfe?
»Im Grunde schon«, sagte der Zwerg. »Aber im Moment liegt mir dein rechtes Ohr bequemer.«
So stopfte Anna die kleine violette Zipfelmütze in ihr rechtes Ohr hinein. Sie spürte – aber nur ganz kurz – ein höllisches Kitzeln im Ohr. Dann gähnte es wieder in ihrem Kopf. Laut und deutlich. Und dreimal hintereinander. Bevor der Zwerg einschlief, murmelte er noch: »Und nies bitte nicht. Niesen reißt mich nämlich aus dem Schlaf!«
Sosehr sich Anna zuerst vor dem Zwerg erschreckt hatte, so zufrieden war sie nun, ihn zu haben. Sie dachte: Zwerg-im-Kopf ist doch echt super! Hat nicht jeder und bringt Spannung ins Kinderleben!
Diesmal gab der Zwerg keine Antwort. Anna war sich ganz sicher, ihn leise schnarchen zu hören.

Anna beschloß, den Zwerg geheimzuhalten…

Anna beschloß, den Zwerg geheimzuhalten. Daß ihr der Papa den Zwerg wieder nicht glauben würde, war sonnenklar! Außerdem rührte sich der Kerl ohnehin lange Zeit überhaupt nicht. Bloß an seinem leisen Schnarchen war zu merken, daß er noch immer in Annas Kopf war. Vielleicht hatte er seine munteren Minuten auch immer dann, wenn Anna gerade schlief.
Erst an einem Nachmittag Anfang September hörte Anna das Gähnen im Kopf wieder. Laut und deutlich. Und dreimal hintereinander.
In einem Kaufhaus stand Anna, als der Zwerg munter wurde. In der Abteilung für Koffer, Rucksäcke, Reisetaschen, Schulranzen und Aktenmappen. Einen durchsichtigen Plastikrucksack hielt sie in den Händen. Neben ihr stand ihre Mama, mit einem rosa Ranzen in den Händen.
Übermorgen sollte Anna nämlich zum ersten Mal in die Schule gehen!
»Also, Anna, das durchsichtige Dings da, das kannst du ganz unmöglich nehmen«, sagte die Mama. »In Schultaschen schaut es üblicherweise aus wie in Mülleimern, und Mülleimer gibt man nicht zur Besichtigung frei!«
Anna hätte zwar sehr gern den durchsichtigen Plastikrucksack als Schultasche gehabt, aber sie nickte bloß, als die Mama mit dem rosa Ranzen zur Kasse lief. Der Zwerg im Kopf war ihr im Moment wichtiger als alle Schultaschen der Welt!

Anna ging langsam hinter der Mama her und dachte: Guten Morgen, lieber Zwerg! Wird auch höchste Zeit, daß du dich wieder meldest!
»Ich habe leider keine Ahnung von der Zeit«, sagte der Zwerg und gähnte noch ein bißchen. »Die Zeit kommt mir leicht durcheinander. Manchmal kommen mir Sekunden wie Jahre vor, manchmal Jahre wie Sekunden.«
»Wie alt bist du denn überhaupt?« fragte Anna.
»Auch keine Ahnung«, antwortete der Zwerg. »Jedenfalls war ich schon in sehr vielen Köpfen. Und in den meisten davon ihr Lebtag lang!«

Die Mama hatte den Ranzen bezahlt, nahm Anna an der Hand und ging mit ihr aus dem Kaufhaus. »Was unternehmen wir jetzt?« fragte sie Anna.
»Fahren wir ein bißchen in den Wald«, schlug Anna vor.
Der Wald war draußen vor der Stadt. Mit dem Auto brauchte man gut eine halbe Stunde dorthin. Und beim Autofahren mußte die Mama auf den Verkehr achten und konnte nicht viel reden. Da hätte Anna Zeit gehabt, sich mit dem Zwerg zu unterhalten.
»In den Wald?« Die Mama bekam eine Kummerfalte über der Nase und schaute auf die Armbanduhr. »Anna, ich muß um vier Uhr bei der Probe sein«, sagte sie. »Das würde knapp werden. Da wäre ja kaum mehr als Hinfahren und wieder Zurückfahren drin.«
»Was ist denn bis vier Uhr noch drin?« fragte Anna.
»Kuchen und Cola in der Konditorei«, sagte die Mama.

»Na schön«, murmelte Anna und ging mit der Mama in eine Konditorei.
Beim Kuchenessen und beim Colatrinken unterhielt sich Anna sowohl mit der Mama als auch mit dem Zwerg. Das war ein bißchen anstrengend, aber es klappte tadellos, weil sie mit dem Zwerg ja nicht zu sprechen brauchte. Mit dem brauchte sie nur zu denken.
Von der Mama erfuhr Anna, daß die Mama übermorgen für zwei Wochen wegfahren mußte. Und daß sie Anna jeden Tag eine Ansichtskarte mit *vielen Bussis* hintendrauf schicken würde.
Vom Zwerg erfuhr Anna, daß er keinen Namen hatte und daß er weder ein Mann noch eine Frau war. »Diesen Unterschied gibt es bei unsereinem nicht«, erklärte der Zwerg. »Das haben wir nämlich nicht nötig, weil wir nicht geboren werden. Uns gibt es einfach so. Also brauchen wir auch keine Männer und keine Frauen, die uns gemeinsam machen!«
Als Anna dem Zwerg erzählte, daß sie ab übermorgen in die Schule gehen würde, freute sich der Zwerg. »Also, Schule mag ich«, sagte er. »Und dort war ich auch schon lange nicht mehr. Der letzte Kopf, in dem ich gewohnt habe, der war schon ausgelernt, als ich eingezogen bin!«
Auf gar keinen Fall wollte der Zwerg den ersten Schultag versäumen. »Weck mich ja auf, wenn es soweit ist«, sagte er. »Dreimal niesen, und ich bin voll da!«
Dann schlief der Zwerg wieder ein, und Anna konnte sich ganz der Mama widmen. Sie erzählte der Mama, daß der Papa gestern der Frau Brauneis gekündigt hatte.

»Jetzt, wo ich in die Schule gehe«, sagte sie, »brauchen wir die alte Sauertöpfin nicht mehr. Den Dreck putzen wir ab jetzt selber weg, und von dem Geld, das wir uns da sparen, leben wir in Saus und Braus. Ein Monat Brauneis-Lohn ist schon ein ganz tolles Fahrrad für mich.«
Dann fragte Anna: »Und wo bin ich am Nachmittag, wenn du nicht da bist?«

»Die Liesl hätte die nächsten zwei Wochen am Nachmittag frei«, sagte die Mama.
»Nur nicht!« rief Anna.
»Soll ich die Hannelore bitten?« fragte die Mama.
»Nur wenn es unbedingt sein muß«, sagte Anna. Sie war enttäuscht. Daß die Mama ausgerechnet an ihrem ersten Schultag wegfahren mußte, war gemein. Am ersten Schultag wurden doch alle Kinder von ihren Mamas abgeholt!
»Wärst du mit dem Franz-Josef einverstanden?« fragte die Mama.
Anna nickte. Der Franz-Josef war ein halbwegs ordentlicher Mama-Ersatz.
»Na gut«, sagte die Mama. »Ich frag ihn, ob er Zeit hat. Morgen sage ich dir dann Bescheid.« Die Mama schaute wieder auf die Armbanduhr und merkte, daß es schon zehn Minuten vor vier Uhr war, und wurde nervös.
»Setz mich halt in ein Taxi«, schlug Anna vor. »Wennst mich jetzt noch selbst heimfahrst, kommst ja viel zu spät zur Probe.«
Die Mama nickte erleichtert, bezahlte Kuchen und Cola und raste mit Anna zum nächsten Taxi-Standplatz. Sie drückte Anna einen Kuß auf die Stirn und dem Taxifahrer einen Geldschein in die Hand und wieselte davon.

»Na, wie fühlt sich denn so ein kleines Mädchen ganz allein auf großer Reise?« fragte der Taxifahrer, als er vor Annas Haus hielt.
Anna nahm den rosa Ranzen unter den Arm, sagte: »Ich bin ein großes Mädchen, und das war eine kleine Reise«

und stieg aus dem Wagen. Sie konnte es nicht leiden, »kleines Mädchen« genannt zu werden. Und Taxifahrten, ganz allein, war sie gewohnt. Gut zweimal die Woche steckte die Mama Anna in ein Taxi. Aber das ging ja einen wildfremden Taxifahrer gar nichts an!

Mit Anna und den Nachmittagen war das nämlich so: Für Annas Nachmittage war die Mama zuständig. Und die Mama konnte sich die Zeit nie ordentlich einteilen. Fast jeder Nachmittag endete damit, daß die Mama ein entsetztes Gesicht machte und rief: »O Gott, jetzt ist es wieder so spät geworden!«

Anna war ein ungemein verplantes Kind. Die Nachmittage verbrachte sie mit der Mama. Die Abende, die Nächte und die Morgen verbrachte sie mit dem Papa. Für die Vormittage war bis jetzt die Frau Brauneis zuständig gewesen, ab übermorgen würde es die Schule sein. Und an den Wochenenden hatten abwechselnd der Papa und die Mama Anna-Dienst.

Warum das so war? Weil Annas Eltern geschieden waren. Üblicherweise wohnen die Kinder von geschiedenen Eltern ja bei ihrer Mutter, und ihr Vater holt sie pro Woche einmal für einen Nachmittag ab. Oder alle vierzehn Tage einmal. Oder auch nur einmal im Monat. Oder nie. Je nachdem, wie die Eltern das beim Scheidungsrichter ausgemacht haben. Daran, daß das bei Anna anders war, war der Beruf der Mama schuld. Annas Mama war Schauspielerin, keine berühmte Schauspielerin, bei der sich die Leute Autogramme holen. Annas Mama spielte nur kleine Rollen in einem kleinen Theater. Aber auch die kleinen Theater haben am Abend Vorstellung. Und manchmal

ging die Mama auf Tournee. Dann fuhr sie ein oder zwei Wochen lang von Stadt zu Stadt und spielte mit ihren Kollegen an jedem Abend woanders Theater. Wenn man so einen Beruf hat, kann man nur schwer mit einem Kind zusammenleben. Am Abend ist man nicht daheim, und am Morgen ist man nicht ausgeschlafen. Und wenn man auf Tournee gehen muß, kann man das Kind auch nicht einfach mitnehmen.
Der Papa von Anna war am Morgen immer putzmunter und ging am Abend gern früh ins Bett. Und wegfahren mußte er nie. Darum war es besser, wenn Anna bei ihm wohnte. Kompliziert wurde die Sache nur, wenn die Mama auf Tournee ging. Da mußte sich dann am Nachmittag jemand anderes um Anna kümmern, denn der Papa konnte sich nicht einfach freinehmen. Er mußte ja im Büro sein. Dann kümmerten sich die Liesl, die Hannelore oder der Franz-Josef um Anna.
Den Franz-Josef mochte Anna als Ersatz-Mama am liebsten. Der Franz-Josef war ein junger Mann, der keinen richtigen Beruf hatte. Einmal war er Zimmer-Ausmaler, einmal Gärtner, einmal Chauffeur, einmal Aushilfspostbote. Manchmal studierte er auch ein bißchen. Oder er hütete kleine Kinder. Anna hätte gern alle mamalosen Nachmittage mit dem Franz-Josef verbracht. Doch der Franz-Josef war nicht umsonst zu haben. Den mußte die Mama bezahlen. Und viel Geld hatte die Mama nicht. Schauspieler, die nicht berühmt sind, verdienen wenig.
Aber nun, zu Schulanfang, leistete die Mama ihrer Tochter den Franz-Josef für die ganzen zwei Wochen. Anna fand, daß ihr das auch zustand! Schulanfang ist schließlich keine

Kleinigkeit! Da braucht man schon jemanden, den man sehr gut leiden kann. Einen, der einem wirklich zuhört, wenn man ihm von der Schule erzählt, von der Frau Lehrerin, von den anderen Kindern, vom Schulwart, vom Turnsaal, von der Schulmilch und der Frau Schuldirektor. Die Liesl und die Hannelore waren dazu nicht zu gebrauchen. Die hörten Anna nie wirklich zu. Die taten nur so. Wenn Anna denen etwas erzählte, merkte sie ganz genau, daß die beiden bloß nickten und an etwas anderes dachten. Aber der Franz-Josef war in Ordnung. Der wollte alles über die Schule wissen. Den interessierte jede Kleinigkeit, die Anna erlebt hatte.
Vom Zwerg im Kopf erzählte Anna dem Franz-Josef trotzdem nichts. Der Zwerg wollte das nicht. »Laß das bloß bleiben«, hatte er Anna gewarnt. »Man kann nicht wissen, wie das ausgeht. Ein Mann, in dessen Kopf ich einmal gewohnt habe, der hat das herumerzählt, und da haben ihn dann alle Leute für komplett meschugge gehalten. Sie haben ihn in ein Krankenhaus mit Gittern vor den Fenstern und bumm-fest versperrten Türen gesteckt. Der Mann war ganz verzweifelt und unglücklich, und ich habe mir dann einen anderen Kopf zum Wohnen ausgesucht, weil ein verzweifelter, unglücklicher Kopf eine sehr ungemütliche Wohnung ist!«
So ein Schicksal wollte Anna nicht haben. Also erzählte sie nicht einmal dem Franz-Josef vom Zwerg. Obwohl sie ganz sicher war, daß der Franz-Josef viel Spaß am Zwerg gehabt hätte. Der Zwerg war nämlich, seit Anna zur Schule ging, erstaunlich oft munter.
Gleich am ersten Schultag, als ihn Anna wach geniest

hatte, hatte er putzmunter eine ganze Stunde geschafft. Annas Schule hatte ihm gefallen. »Ein toll freundliches Haus«, hatte er gelobt. »Ist hell und riecht auch gut. Die Schulen, wo meine ehemaligen Köpfe hingegangen sind, die waren zappenduster und haben gemuffelt wie ein Hasenstall!«

Annas Lehrerin fand er auch in Ordnung. »Nette Frau«, sagte er. »Brüllt nicht herum, stellt kein Kind in die Ecke und haut nicht mit dem Rohrstock auf die Finger! Sehr friedlich, die Frau!«

Der Zwerg konnte es kaum glauben, als ihm Anna sagte, daß Lehrer Kinder nicht schlagen dürfen.

»Aber ich war einmal in einem Kopf«, rief er, »der hat vom Lehrer so viele Kopfnüsse bekommen, daß ich fast zittrig davon geworden bin. Kaum haben wir ein bißchen an etwas anderes als Lesen und Schreiben und Rechnen gedacht, hat es schon päng-päng-päng auf unseren Schädel gemacht!«

Das muß ja vor hundert Jahren gewesen sein, überlegte Anna.

»Könnte gut sein«, murmelte der Zwerg. Er hatte ja nicht viel Ahnung von der Zeit.

Ziemlich enttäuscht war Anna darüber, daß der Zwerg sehr ungebildet war. Er wußte kein bißchen mehr als Anna! Weder vom Schreiben noch vom Lesen, und vom Rechnen auch nicht. Das verstand Anna nicht. Sie hielt dem Zwerg vor: Wenn du mit so vielen Köpfen jahrelang in die Schule gegangen bist, dann mußt du doch allerhand gelernt haben!

»Und ob! Das will ich wohl meinen!« rief der Zwerg. »Ich

war immer genauso klug oder genauso blöd wie der Kopf, in dem ich gewohnt habe. Einmal, da war ich in einem berühmten Mathematikprofessor. Da hab ich rechnen können, besser als ein Computer! Und wie ich im Kopf vom Dolmetscher war, da habe ich sieben Sprachen perfekt beherrscht. In Wort und Schrift! Aber weißt du, kaum bin ich wieder draußen aus einem Schädel, ist alles futsch.«

Wenn man sich die Sache richtig überlegt, ist das ja auch kein großes Wunder. Ein Zwerg, der samt violetter Zipfelmütze nicht größer ist als der kleine Fingernagel von einem sechsjährigen Mädchen, der hat einen Kopf so klein wie ein Reiskorn. In so einem Kopf muß das Hirn so winzig sein, daß man es mit bloßem Auge kaum mehr ausmachen kann. Was soll so ein klitzekleines, staubkorngroßes Hirn schon behalten können?

Trotzdem war der Zwerg Anna beim Lernen sehr nützlich. Er wußte zwar nicht mehr als Anna, aber er konnte in ihrem Hirn suchen, was sie vergessen hatte. Die vergessenen Sachen liegen ja irgendwo im Hirn herum, man findet sie bloß im Moment nicht. Der Zwerg fand sie immer. Und blitzschnell!

Fiel Anna nicht ein, was die Frau Lehrerin als Hausübung aufgegeben hatte, brauchte sie nur den Zwerg zu fragen. Der rief: »Einen Augenblick!«, dann rumorte es ein bißchen in Annas Kopf, und gleich danach sagte der Zwerg: »Da haben wir es schon! Wir lesen das Lesebuch auf Seite zehn und machen mit den Ölkreiden eine Zeichnung, wo Herbstblätter durch die Luft wirbeln!«

Auch wenn die Frau Lehrerin in der Rechenstunde Anna

fragte, wieviel zwölf weniger acht ist, mußte Anna nicht wirklich darüber nachdenken. Daß zwölf weniger acht vier ergibt, war ja bereits in ihrem Hirn abgelegt, und der Zwerg hatte das Ergebnis gleich bei der Hand.
Im Schultasche-Einräumen war der Zwerg absolute Spitze! Nie kam es vor, daß er etwas vergaß. Immer kam Anna mit allem, was sie brauchte, in der Schule an. Und wenn der Zwerg am Abend beim Schultasche-Einräumen so müde war, daß er Anna nicht alles aufzählte, was in den rosa Ranzen hineinmußte, dann erinnerte er Anna beim Frühstück daran.
Das war sehr angenehm für Anna. Aber für den Zwerg war es ein aufreibendes Leben. Er kam nicht mehr zu seiner gewohnten Portion Schlaf. Dauernd gähnte er jetzt. Nicht nur beim Aufwachen und vor dem Einschlafen. Oft mußte Anna mit ihm gähnen, weil Gähnen ja ansteckend ist. Und die Stimme vom Zwerg war auch schon ganz heiser. Soviel reden war er nicht gewohnt.

Am letzten Schultag vor Weihnachten...

Am letzten Schultag vor Weihnachten, nach der Weihnachtsfeier, nachdem die Frau Lehrerin allen Kindern »Frohe Weihnachten und ein glückliches neues Jahr« gewünscht hatte, sagte der Zwerg zu Anna: »So, mir reicht es jetzt aber auch. Ich schlafe durch, bis die Weihnachtsferien zu Ende sind. Ich bin total geschafft. Nies mich ja nicht wach, sonst bekomme ich garantiert einen furchtbaren Kreislaufkollaps!«

Aber Weihnachten kommt doch, dachte Anna. Mit Christbaum und Geschenken! Da kannst du doch nicht drüber wegschlafen! Weihnachten ist das Größte, was es im ganzen Jahr gibt!

»Für mich nicht«, murmelte der Zwerg, gähnte und schnarchte gleich darauf los.

Und ich hätte ihm einen eigenen kleinen Tannenbaum aus sieben Tannennadeln machen wollen, dachte Anna. Und eine neue Zipfelmütze hätte ich ihm auch schenken wollen. Eine aus roter Seide.

Anna überlegte, ob sie den Zwerg wach niesen sollte, um ihn davon zu überzeugen, wie wunderschön Weihnachten sei, doch dann ließ sie es bleiben. Daß er einen Kreislaufkollaps – was immer das sein mochte – bekam, wollte sie nicht riskieren. Sie dachte: Jetzt laß ich den Kerl einmal schlafen und niese ihn erst zur Bescherung wach.

Am vierundzwanzigsten Dezember hockte Anna den ganzen Vormittag in ihrem Zimmer und versuchte einen Tannenbaum aus sieben Tannennadeln zu kleben und eine wollfusselkleine Seidenmütze zu nähen. Es gelang ihr nicht. Da beschloß sie, den Zwerg Weihnachten verschlafen zu lassen. Wenn sie keine Geschenke für ihn hatte, brauchte sie den Zwerg wirklich nicht in Kreislaufkollapsgefahr bringen!

Anna hatte dem Zwerg zwar erklärt, daß Weihnachten »das Größte im ganzen Jahr« sei, aber so ganz glaubte sie das selbst nicht. Das sagte sie bloß immer, weil alle anderen Kinder das sagten und weil sie keine Ausnahme sein wollte. Doch in Wirklichkeit fürchtete sich Anna sogar ein bißchen vor Weihnachten, denn Weihnachten war bei Anna ein ziemlich kompliziertes Fest. Wegen der geschiedenen Eltern!

Der Papa und die Mama von Anna waren nicht so spinnefeind miteinander, daß sie nicht, Anna zuliebe, gemeinsam mit ihr hätten Weihnachten feiern können. Aber ein schöner, langer Vater-Mutter-Kind-Heiliger-Abend war trotzdem unmöglich, weil zu Weihnachten die Eltern der Mama aus Linz kamen und die Eltern vom Papa aus Graz. Und die Eltern der Mama wollten die Eltern vom Papa nicht sehen. Und die Eltern vom Papa wollten mit den Eltern der Mama nichts zu tun haben. Die Eltern der Mama sagten, der Papa sei an der Scheidung schuld. Die Eltern vom Papa sagten, die Mama sei an der Scheidung schuld. Und wenn die Eltern vom Papa und die Eltern der Mama zusammentrafen, dann stritten sie deswegen. Und Weihnachten ist schließlich das Fest des Friedens. Da kann man Streit nicht brauchen.

Darum mußte Anna so Weihnachten feiern: Am frühen Nachmittag feierte sie mit dem Papa und der Mama in der Papa-Wohnung. Dann fuhr der Papa zum Bahnhof und holte seine Eltern ab. Und Anna fuhr mit Mama in die Mama-Wohnung. Dort feierte sie mit der Mama und den Mama-Eltern Weihnachten. Und dann kam der Papa und holte Anna ab. Zum Feiern mit seinen Eltern in der Papa-Wohnung. Am Morgen vom Christtag holte die Mama sie wieder ab. Am zweiten Weihnachtstag war Anna dann wieder beim Papa. Am Christtag mußte sie die Mama-Eltern aushalten, am zweiten Weihnachtstag die Papa-Eltern.

Anna mochte ihre Großeltern nicht. Die einen hatten ihre Mama nicht lieb, die anderen hatten ihren Papa nicht lieb. Und beide waren schuld daran, daß es für Anna kein schönes, langes Weihnachtsfest mit dem Papa und der Mama gab! Da konnten die Großeltern noch so prächtige Geschenke anschleppen, Anna dachte bloß: Verdammt noch

einmal, hättet ihr doch bloß die Sachen mit der Post geschickt!

Dieses Jahr wurde nicht einmal die kurze Vater-Mutter-Kind-Feier in der Papa-Wohnung schön. Der Papa war am Vormittag losgefahren, um einen Tannenbaum zu kaufen. Zu Mittag kam er mit einem Riesenbaum an, der reichte vom Fußboden bis zur Zimmerdecke.

»Da dürfte ich mich wohl etwas verschätzt haben«, seufzte der Papa.

Der Riesenbaum hatte so einen dicken Stamm, daß alle vier Christbaumständer, die der Papa aus dem Keller holte, zu klein waren. Also nagelte der Papa für den Baum aus Holzplatten ein Kreuz zusammen und sägte in das Kreuz

ein großes Loch für den Stamm. Das dauerte ziemlich lange. Als die Mama kam, hatte der Papa gerade erst den Christbaum senkrecht im Kreuz drinnen. Doch der Christbaum war noch komplett nackt.
Anna, die Mama und der Papa schufteten wie verrückt, um den Tannenbaum mit Kerzen, Kugeln, Fransenbonbons und Lametta anzuziehen. Und die Mama meinte alle paar Minuten ungeduldig: »Anna, jetzt reicht es aber schon!« Dabei reichte es noch lange nicht! Die Mama sagte das bloß, weil es immer später und später wurde. Punkt sechs Uhr standen doch ihre Eltern vor der Wohnungstür und klingelten! Die würden stocksauer sein, wenn ihnen niemand die Tür aufmachte!
Der Papa meinte auch, daß der Tannenbaum doch schon »superprächtig« ausschaue. Aber er schwindelte ebenfalls und sagte das, weil er Punkt sechs Uhr am Bahnhof sein mußte!
Anna protestierte. Die rosa Windbäckerei, die Schoko-Lebkuchen, die Strohsterne, die Sternspucker, die blechernen Weihnachtsmänner und die Buntpapierketten, die Anna gebastelt hatte, die mußten alle noch auf den Baum! Und die Silbertaler und die Goldzapfen!
Der Papa und die Mama sahen das ein und schmückten weiter mit Anna den Baum. Aber es macht nicht viel Spaß, mit zwei Leuten einen Christbaum aufzuputzen, wenn die andauernd auf die Uhr schauen und ganz nervös sind.
Um halb sechs war Anna endlich mit dem Christbaum halbwegs zufrieden. Da blieben dann gerade noch zwanzig Minuten zum Feiern. Anna kam nicht einmal dazu, sich

alle Geschenke, die der Papa und die Mama für sie unter den Baum gelegt hatten, anzuschauen.
»Wir müssen jetzt los, Anna«, sagte die Mama. »Du kommst ja am Abend ohnehin wieder her!«
Und der Papa tröstete Anna: »Bleiben dir noch ein paar Überraschungen für später!«

Anna jappelte hinter der Mama her zum Auto. Die Straße war glänzend-spiegelglatt. »Das auch noch«, schimpfte die Mama. »Glatteis hat mir gerade noch gefehlt. Da kann ich nur langsam fahren. Und meine Alten werden schon vor der Tür stehen. Das wird wieder ein Affentheater geben!«
Die Eltern der Mama standen noch nicht vor der Wohnungstür, als die Mama und Anna die Treppe heraufkamen. Doch kaum war die Mama im Vorzimmer drinnen, klingelte das Telefon. Die Mutter der Mama rief an und teilte mit, daß sie erst in St. Pölten seien. Wegen dem Glatteis. »Mehr als zwanzig Stundenkilometer kann der Vater nicht fahren«, sagte sie. »Bis wir bei euch sind, dauert es sicher noch zwei Stunden!«
»So was Blödes«, schimpfte Anna. »Da hätten wir noch in aller Ruhe zu dritt feiern können! Aber du hast ja gleich rennen müssen!«
»Hab ich ahnen können, daß auf der Autobahn Glatteis ist?« fragte die Mama. »Vor lauter Christbaum-Aufputzen hab ich doch nicht einmal gemerkt, daß unten auf der Straße Glatteis ist. Außerdem hat die Bahn wegen Glatteis keine Verspätung. Und ich kann gut drauf verzichten, meine Ex-Schwiegereltern wiederzusehen!«

»Und was ich will, ist dir Wurscht«, sagte Anna.
»Jetzt sei nicht so!« rief die Mama. »Halte mir nicht ausgerechnet an Weihnachten vor, daß wir keine normale Familie sind. Außerdem sind geschiedene Eltern eh schon normal. Jedes dritte Kind hat angeblich welche!«
Anna sagte: »Jedes zweite Kind hat einen Hund, und ich bekomme trotzdem keinen!«
»Ich würde dir schon einen kaufen«, sagte die Mama. »Aber dein Papa ist dagegen. Er läßt einen Hund nicht in seine Wohnung hinein, hat er gedroht!«
Anna wurde grantig. »Ich habe ja nicht gesagt, daß du mir einen Hund schenken sollst«, rief sie.
»Doch, hast du!« rief die Mama.
»Hab ich nicht«, rief Anna. »Ich hab nur gesagt: Wenn geschiedene Eltern normal sind, weil jedes dritte Kind welche hat, dann wäre es auch normal, daß ich einen Hund habe, weil den jedes zweite Kind hat. Wieso hab ich die normal grauslichen Sachen und nicht die normal guten? So hab ich das mit dem Hund gemeint!«
»Ach, Anna«, murmelte die Mama und machte ihren traurigen Dackelblick. Wenn die Mama so dreinschaute, konnte Anna nicht böse mit ihr sein.
»Ist ja eh Wurscht«, sagte Anna. »Zünden wir den Christbaum an!«
Der Christbaum in der Mama-Wohnung war nicht sehr groß. So groß wie Anna war er. Und nichts als weiße Kerzen, weißes Engelshaar und weiße Kugeln waren auf ihm.
»Sollten wir nicht besser damit warten, bis deine Großeltern kommen«, sagte die Mama. »Kennst ja deine Groß-

mutter. Die ist doch gleich wieder beleidigt, wenn sie sieht, daß die Kerzen schon gebrannt haben.«
»Okay, dann warten wir halt«, sagte Anna und drehte den Fernsehapparat auf.

Als endlich die Eltern der Mama kamen, erzählten sie zuerst einmal ausführlich vom Glatteis auf der Autobahn und von einem Serienunfall, dem sie gottlob gerade noch entkommen waren. Dann mußte sich die Großmutter im Badezimmer »frisch« machen und umziehen, weil sie das festliche Kleid in der Reisetasche mitgebracht hatte. »Im Auto«, sagte sie zu Anna, »hätte ich mir doch Plisseefalten in den schönen Rock gesessen!«
Endlos brauchte die Großmutter im Badezimmer.
Dreimal ging die Mama an die Badezimmertür klopfen und rief: »Mutti, jetzt mach doch schon! Wir müssen bescheren, sonst wird es zu spät!«
Fast neun Uhr war es, als die Großmutter mit frisch geringelten Löckchen, gepuderten Wangen, drei Perlenketten um den Hals und einem Goldgürtel um den Bauch aus dem Badezimmer marschierte.
Die Mama klingelte mit einem Glöckchen, der Großvater zündete die Kerzen am Christbaum an. Und die Türglocke schellte. Das war der Papa!
»Wieso ist denn der schon da?« fragte die Großmutter und schaute empört.
»Weil es gleich neun Uhr ist«, sagte Anna. Am liebsten hätte sie der Großmutter die Zunge herausgestreckt.
Die Mama ging die Wohnungstür öffnen. Die Großmutter

rief ihr nach: »Sag ihm, daß wir noch nicht soweit sind! Er soll in einer Stunde wiederkommen!«
Der Großvater sagte zu Anna: »Jetzt schau dir doch in Ruhe an, was wir dir mitgebracht haben. Soviel Zeit wird ja wohl noch sein!«
Die Mama kam ins Zimmer zurück.
»Ist er wieder gegangen?« fragte die Großmutter.
»Er wartet in der Küche«, antwortete die Mama. Sie schaute sehr unglücklich drein.
Anna fand, daß sie ganz unmöglich ihre Geschenke anschauen konnte, während der Papa allein in der Küche hockte. Noch dazu, wo die Küche nicht einmal ordentlich aufgeräumt war. Die Mama hatte in der Küche das Weihnachtsmahl gekocht. Und wenn die Mama kochte, gab es hinterher immer Unmengen von Schmutzgeschirr. Und das war noch nicht abgewaschen.
Anna sagte: »Ich schaue mir die Geschenke lieber morgen an!«
»Aber Kind!« rief die Großmutter.
»Laß sie nur«, sagte der Großvater zur Großmutter.
Anna wollte aus dem Zimmer gehen. Sie war schon bei der Tür, da rief die Großmutter: »Nicht einmal einen Abschiedskuß bekomme ich?«
Gern hätte Anna nein gesagt. Doch sie wußte genau, daß sich dann hinterher die Großmutter bei der Mama beschweren würde. Und der Mama vorhalten würde, sie könne Anna nicht erziehen!
Also ging Anna brav zurück und schmatzte einen Kuß auf die Puderwange der Großmutter. Und einen Kuß auf den Backenbart vom Großvater. Der Großvater-Kuß fiel ihr

weniger schwer. Dann lief Anna ins Vorzimmer und zog ihren Mantel an. »Papa, ich bin fertig«, rief sie zur Küche hin.
Der Papa kam aus der Küche. Er hatte nicht einmal den Mantel ausgezogen. Die Pelzmütze hatte er auch noch auf dem Kopf. »Na, dann wollen wir mal«, sagte der Papa zu Anna. Sehr froh schaute er nicht aus.
Die Mama stand bei der Zimmertür und murmelte: »So was von beschissen! Tut mir echt leid, Anna!«
»Bis morgen dann«, sagte Anna und versuchte zu lächeln.

Annas dritte Weihnachtsfeier war auch nur zu Anfang ein Erfolg. Jetzt hatte sie keine Eile mehr und konnte in aller Ruhe Geschenke auspacken. Und sich darüber freuen.
Mächtig viel hatte Anna bekommen. Eine rote Armbanduhr mit einer Mickymaus auf dem Zifferblatt, viele Spiele, Rollschuhe, ein Puppenhaus mit erstem Stock und Mansarde, Bücher, einen Garfield-Anhänger für die Halskette, einen weißen Skianzug, einen Mini-Supermarkt mit vielen Regalen, in denen winzige Packungen Waschpulver und Nudeln standen. Sogar drei kleine Einkaufswagen gab es. Und an der Kasse saß eine dicke Kassiererin aus Knetmasse. Der konnte man die Arme und die Beine verbiegen, wie man wollte.
Der Großvater und die Großmutter hatten als Geschenk ein Riesenpaket mitgebracht. So groß wie ein ganzer Schrank war das Paket. Und so schwer, daß Anna es keinen Zentimeter von der Stelle brachte.

»Das ist Bahnexpress mitgereist«, sagte der Großvater stolz. »Das hätten wir ja nicht ins Abteil reinbekommen!«
»Und ich habe mir gestern extra einen Gepäckträger fürs Autodach gekauft«, sagte der Papa. »Damit ich das Ding von der Bahn heimfahren kann!«
In der schrankgroßen Kiste war tatsächlich ein ganz tolles Geschenk! Ein Kletterturm mit Rutsche und eine große Schaumstoffmatte. Die gehörte unter den Kletterturm. Damit man sich nicht weh tat, wenn man vom Turm fiel oder zu rasant über die Rutsche kam.
Bis Mitternacht bauten der Papa und der Großvater den Kletterturm zusammen. Im Wohnzimmer stellten sie ihn auf. Annas Zimmer wäre für den Riesenturm zu klein gewesen.
Anna freute sich sehr über dieses Geschenk. So sehr, daß sie fast schon beschlossen hätte, diesen Heiligen Abend für einen sehr schönen zu halten. Doch dann, ganz zum Schluß, wurde er doch wieder mies. Und das kam so: Anna lag bereits in ihrem Bett, hatte die Mickymaus-Uhr am Handgelenk, den Garfield an der Halskette und blätterte in einem der Bücher, die sie bekommen hatte. Da fiel ihr ein, daß sie eigentlich noch ein bißchen klettern und rutschen könnte. Obwohl es schon so spät war! Die Großeltern und der Papa saßen im Papa-Zimmer. Wenn Anna ganz leise ins Wohnzimmer schlich, mußten die drei das gar nicht merken! Die wären nämlich ganz sicher dagegen gewesen, daß Anna nach Mitternacht noch herumturnte.
Anna schlich also ganz leise ins Wohnzimmer hinein. Zum

Kletterturm. Die Tür zum Papa-Zimmer war einen Spalt offen. Und Anna hörte den Papa sagen: »Na ja, manchmal wird es schon ein bißchen viel!«
Anna wollte wissen, was dem Papa manchmal ein bißchen viel wurde, und schlich zur Tür vom Papa-Zimmer.
»Ist doch klar, daß ein Mann das nicht schafft«, sagte die Großmutter.
»Einer geschiedenen Frau mit Kind geht es auch nicht besser«, sagte der Papa. »Im Gegenteil, die hat meistens keinen Mann, der das Kind jeden Nachmittag übernimmt!«
»Mag sein«, sagte die Großmutter. »Aber jedenfalls ist das kein Leben für dich. Noch dazu, wo du es nicht nötig hättest. Schließlich hast du eine Mutter, die noch sehr rüstig ist und jede Menge Zeit hat!«
Himmel, Arsch und Zwirn, dachte Anna, will die Großmutter am Ende zu uns ziehen?
Aber es kam noch ärger! Die Großmutter sagte: »Wir haben daheim ein großes Haus und einen riesigen Garten. Das ist eine ideale Umgebung für ein Kind. Und du kannst doch jedes Wochenende zu Besuch kommen. Würden wir dich wenigstens auch öfter sehen!«
Anna stieß die Tür auf. »Nie-nie-nie-nie im Leben«, rief sie, und dann fing sie zu schluchzen an.
Der Papa sprang auf. »Aber Anna«, rief er. »Hättest du nur zwei Sekunden länger gewartet, hättest du gehört, daß ich damit nie-nie-nie-nie im Leben einverstanden bin!«
Der Papa hob Anna hoch und lachte. »Was tät ich denn ohne dich?« fragte er und biß Anna in den Hals. Aber nur ganz leicht und sehr zärtlich.

»Aber wenn ich dir doch zuviel werde.« Anna war noch nicht beruhigt.
»Du doch nicht«, sagte der Papa. »Höchstens das Putzen und das Kochen. Aber da können wir uns ja wieder eine Sauertöpfin nehmen, wenn ich's gar nicht mehr schaffe. Leben wir halt weniger in Saus und Braus!«
Jetzt war Anna beruhigt. Der Papa trug sie in ihr Zimmer. »Laß die Frau doch reden«, sagte er leise. »Sie meint es nicht böse.«
»Es ist aber sehr böse«, sagte Anna.
Der Papa gab Anna einen Kuß auf die Nasenspitze, einen auf die rechte Wange, einen auf die linke Wange und einen auf den Mund. »Anna, ohne dich wäre ich doch verloren im Leben«, sagte er, bevor er aus dem Zimmer ging.

Anna setzte sich wieder auf, holte ein Papiertaschentuch aus der Nachttischlade und schneuzte sich. Vom Schluchzen war viel Rotz in ihrer Nase.
Blöde Großmutter, dachte sie, redet lauter Mist! Muß mir Weihnachten versauen! Aber es geht ja sowieso nicht nach ihrem Willen! Nie-nie-nie-nie im Leben!
Angst, zu den Papa-Eltern ziehen zu müssen, hatte Anna jetzt keine mehr. Aber so richtig froh war sie auch nicht mehr. Sie dachte: Gut, daß ich den Zwerg nicht wach geniest habe. Ein Weihnachtsfest zum Herzeigen war das heute nicht!

Als die Ferien zu Ende waren...

Als die Ferien zu Ende waren, schlief der Zwerg noch immer. Anna nieste ihn am Morgen des ersten Schultages wach, doch der Zwerg murmelte bloß: »Ich fühl mich noch nicht so recht« und schlief wieder ein.
Anna gab ihm noch zwei Wochen Schonzeit, dann nieste sie ihn wieder wach. Der Zwerg gähnte, nicht dreimal hintereinander, sondern gut dreißigmal hintereinander.
»Was Besonderes los?« fragte er dann.
Überhaupt nichts, dachte Anna. Stinkfad ist es!
»Dann hol ich mir noch ein Auge voll Schlaf«, murmelte der Zwerg und schnarchte wieder drauflos.
Anna war enttäuscht. Sie hatte den Zwerg ja gerade deswegen aufgeweckt, weil nichts Besonderes los war, weil ihr langweilig war. Weil sie vom Zwerg ein bißchen unterhalten werden wollte. Die Frau Lehrerin übte nämlich mit den »schlechten Kindern« gerade das Laut-Lesen. Anna konnte sehr gut lesen. Sowohl leise als auch laut. Daß sie von der Frau Lehrerin zum Vorlesen aufgerufen wurde, war also nicht zu erwarten. Aus lauter Enttäuschung über den schlafsüchtigen Zwerg sagte Anna laut: »Blöder Zwerg, du!«
Worauf sie der Hermann, der ihr Pultnachbar war, in die Rippen boxte und »selber blöder Zwerg« zischte. Er glaubte, mit »blöder Zwerg« sei er gemeint gewesen.
Dieser Hermann war überhaupt ein Problem! In dem hatte sich Anna gewaltig getäuscht. Am ersten Schultag hatte er ihr sehr gut gefallen. Weil er nämlich unheimlich hübsch

war. Lange schwarze Locken hatte er. Und große blaue Augen. Und eine sehr kleine, sehr gerade Nase mit drei allerliebsten Sommersprossen auf der Nasenspitze. Und blitzweiße, makellose Zähne hatte er auch. Und nach der allerletzten Mode war er gekleidet.
Als der Hermann Anna am ersten Schultag gefragt hatte, ob sie neben ihm sitzen wolle, hatte Anna glücklich genickt und gedacht, nun habe sie »das Große Los« gezogen.
Dem Zwerg hatte der Hermann gleich nicht gefallen. »Also, ich weiß nicht«, hatte er gesagt. »Dem Typ kann ich nichts abgewinnen. Der Kerl gefällt mir überhaupt nicht!«
Du kennst ihn doch gar nicht, hatte Anna gedacht.
»Aber ich hab so meine Vorahnungen«, hatte der Zwerg gesagt.
Das sind keine Vorahnungen, das sind Vorurteile, hatte Anna gedacht. Wenn man jemanden auf den ersten Blick nicht leiden kann, dann ist das ein Vorurteil. Und Vorurteile soll man nicht haben!
Da war der Zwerg beleidigt gewesen. »Okay«, hatte er gemurmelt, »ich sage kein Wort mehr gegen diesen Lackaffen! Aber du wirst schon noch Augen machen! Du wirst schon noch sehen, daß ich recht habe.«
Und der Zwerg hatte wahrlich recht behalten. Der Hermann war ein echter Widerling. Geizig war er. Ewig protzte er herum. Und dauernd beschwerte er sich bei der Frau Lehrerin über Anna.
Wenn Annas rote Ölkreide zerbröselt war und Anna sich, ohnehin nur für zwei klitzekleine Striche, die rote Ölkreide vom Hermann ausborgen wollte, umklammerte der Her-

mann seine Ölkreidenschachtel, als ginge es ihm ans Leben, und greinte: »Wie komme ich dazu, daß du mir meine Ölkreiden kurz schreibst? Gib auf deine Sachen besser acht, dann gehen sie nicht kaputt!«

Wenn eines von Annas Schulheften auch nur ein bißchen auf der Pulthälfte vom Hermann lag, hob er den rechten Arm hoch, wedelte mit ihm in der Luft herum und rief: »Bitte, Frau Lehrerin, die Anna nimmt mir schon wieder den ganzen Platz weg, bitte!«

Und als Anna einmal während einer Schulstunde großen Hunger bekommen hatte und heimlich, unter dem Pult, von ihrem Pausenbrot abgebissen hatte – obwohl es verboten war, während des Unterrichts zu essen –, da hatte der Hermann gleich wieder den Wedel-Arm oben gehabt und gemeldet: »Bitte, Frau Lehrerin, die Anna ißt und macht mir dabei lauter Brösel auf die Hose!«

Und total blödsinnig waren die Protzereien vom Hermann. Sagte ein Kind: »Wir haben ein Haus mit fünf Zimmern«, sagte der Hermann: »Aber wir haben ein Haus mit zehn Zimmern!« Dabei wußte jedes Kind in der Klasse, daß der Hermann überhaupt kein Haus hatte, sondern in einer Wohnung im Haus vom Supermarkt wohnte.

Sagte ein Kind: »Meine Autorennbahn ist sieben Meter lang«, sagte der Hermann: »Meine Autorennbahn ist siebzig Meter lang!«

Dabei wußte jedes Kind, daß es gar keine so lange Autorennbahn gibt.

Sagte ein Kind: »Wir haben einen Hund, einen Dackel mit langen Haaren«, sagte der Hermann: »Aber wir haben drei Hunde, große Bernhardiner mit noch viel längeren Haa-

ren!« Dabei wußten alle Kinder, daß der Hermann daheim überhaupt keinen Hund hatte.
So war der Hermann, und kein Kind in der Klasse konnte ihn leiden. Alle Kinder sagten zu Anna: »Anna, du bist echt arm dran, daß du neben diesem Deppen sitzen mußt!« Anna kam sich deswegen auch wirklich recht arm vor. Noch dazu, wo sie nun ganz genau wußte, neben wem sie gern sitzen würde. Neben dem Peter wollte sie sitzen! Seit sie die Kinder in der Klasse gut kannte, war ihr das klar. Den Peter hatte sie besonders gern.
Der Peter war nicht so hübsch wie der Hermann, und so schöne Kleider hatte er auch nicht. Der Peter hatte blonde, ganz kurze Haare, graue Augen, eine kleine Knollennase, und seine Zähne standen ziemlich schief im Mund. Zwischen seinen oberen Schneidezähnen war ein breiter Spalt, durch den konnte er pfeifen. Fast so laut, als ob er ein Fußballschiedsrichter-Pfeiferl im Mund hätte! Die Hosen vom Peter waren abgewetzt und geflickt, weil er sie von seinem großen Bruder geerbt hatte. Und seine T-Shirts waren immer voll Flecken, weil er in den Pausen, im Schulhof, gern im Dreck herumkugelte.
Mit dem Peter war Anna in jeder Pause zusammen. Und nach der Schule, wenn Anna an der Straßenecke stand und auf die Mama wartete, wartete der Peter mit ihr, bis das Auto der Mama die Straße heraufgefahren kam.
Oft sagte der Peter zu Anna: »So was Blödes, daß wir uns nicht am ersten Schultag nebeneinandergesetzt haben!«
Neben dem Peter saß der Michi. Den fragte Anna einmal, ob er nicht bereit wäre, mit ihr den Platz zu tauschen. Doch der Michi lehnte das ab. »Wenn du neben der Susi sitzen

würdest«, sagte er, »tät ich sofort den Platz mit dir tauschen!« In die Susi war der Michi ein bißchen verliebt. »Aber neben den Hermann«, sagte er, »setz ich mich nie im Leben. Sonst passiert ein Mord! Den Kerl tät ich doch glatt umbringen!«

Anna klagte dem Papa ihr Leid mit dem Hermann. Der Papa meinte, Anna solle den »Widerling« einfach ignorieren. Und mit Humor ertragen. Er schlug vor: »Lach ihn doch einfach aus, wenn er dir dumm kommt!«

Aber das war kein guter Rat. Wenn Anna den Hermann auslachte, wurde er wütend und boxte Anna in den Bauch oder in die Rippen, zwickte sie in den Arm oder trat ihr auf die Zehen, riß sie an den Haaren oder spuckte sie an. Und weil Anna nicht genauso eine »Tratschen« wie der Hermann sein wollte, konnte sie sich bei der Frau Lehrerin nicht darüber beklagen. Und sich richtig wehren konnte sie auch nicht, denn im Boxen, Zwicken, Reißen, Treten und Spucken hatte sie keine Übung. Hin und wieder, wenn der Hermann sehr eklig war, versuchte Anna zwar, sich zu wehren, doch ihre Tritte und Boxer fielen immer recht mickrig aus. Und spucken konnte sie überhaupt nicht! Das kam ihr einfach zu widerlich vor!

Der Mama klagte Anna auch ihr Leid. Die Mama wollte in die Schule zur Frau Lehrerin gehen. »Da dring ich drauf«, sagte sie, »daß du von dem Ekel weggesetzt wirst! So einen Pultgenossen kann dir die Frau Lehrerin nicht zumuten!«

Doch Anna war dagegen. Sie erklärte der Mama: »Es ist

aber kein einziger Platz in der Klasse mehr frei. Wenn ich vom Hermann wegkomme, muß ein anderes Kind auf meinen Platz. Das kann ich niemandem antun, Mama! Echt nicht!«
»Tja, wenn du so ein edles Kind bist«, sagte die Mama, »dann kann dir wohl niemand helfen!«
»Vielleicht doch«, widersprach Anna.
»Und wer sollte das sein, der dir da helfen könnte?« fragte die Mama. Doch das sagte Anna der Mama nicht. Anna hoffte auf den Zwerg. Sie dachte: Wenn der verschlafene Kerl endlich wieder seine muntere Zeit hat, dann werde ich das mit ihm besprechen. Der Zwerg ist schlau, dem Zwerg fällt sicher etwas gegen den Hermann ein!

Der Zwerg bequemte sich erst Mitte Februar dazu, wieder richtig wach zu werden. »Aber ab jetzt bin ich superfit«, versprach er Anna. »Ab jetzt schaffe ich garantiert jede Menge munterer Vormittage!« Und dann fragte der Zwerg: »Wo sind wir denn überhaupt?«
Wir sind in der Wohnung der Mama, dachte Anna.
»Ist das die Frau, die dir den rosa Ranzen verpaßt hat, obwohl du lieber den durchsichtigen Rucksack gehabt hättest?« fragte der Zwerg.
Anna nickte. Dann kam die Liesl ins Zimmer. Die Liesl wohnte bei der Mama zur Untermiete. Die Wohnung der Mama war teuer. Die Mama brauchte jemanden, der zur Miete dazuzahlte.
»Deine Mama schaut aber heute viel hübscher aus«, sagte der Zwerg.

»Gar nicht wahr!« rief Anna laut. Daß der Zwerg die Liesl hübscher fand als die Mama, empörte Anna.
»Was ist gar nicht wahr?« fragte die Liesl.
»Wie bitte?« Anna tat erstaunt.
Die Liesl sagte: »Du hast eben ›gar nicht wahr‹ gerufen. Und ich frage dich nun, was denn gar nicht wahr ist!«
»Ich, ich habe kein Wort gesagt«, sagte Anna.
»Komisches Kind«, murmelte die Liesl und ging aus dem Zimmer.
»Blöde Kuh«, sagte Anna leise.
»Magst du deine Mama nicht?« fragte der Zwerg.
Wäre ja noch schöner, wenn die blöde Liesl meine Mama wäre, dachte Anna.
»Ach so!« rief der Zwerg. »Wenn das nicht deine Mama ist, dann ist es ja kein Wunder, daß sie heute viel hübscher ist!«
Meine Mama ist hübscher als die Liesl, dachte Anna.
»Echt nicht«, sagte der Zwerg.
Doch, dachte Anna.
»Streit nicht mit mir herum«, sagte der Zwerg. »Wir müssen ja nicht immer gleicher Meinung sein!« Dann kicherte der Zwerg und sagte: »Aber wenn ich mich in deinem Hirn umschaue, sehe ich, daß wir jetzt in einer anderen Angelegenheit gleicher Meinung sind. Das freut mich. Ich behalte nämlich gern recht!«
Keine Ahnung, was du meinst, dachte Anna.
»Deinen Pultnachbarn meine ich«, kicherte der Zwerg. »Ist ja nicht zu übersehen! Dein ganzer Kopf ist voll Herr Mann!« (So sprach der Zwerg *Hermann* aus.) »Wohin ich schaue, ist Zorn und Ärger über den Herrn Mann!«

Anna dachte: Also, zum Kichern find ich das wirklich nicht!
»Entschuldigung«, sagte der Zwerg. Jetzt klang seine Stimme wieder ernst. »Wenn es so arg ist, müssen wir etwas unternehmen. Auch wegen mir. Ich will nicht in Zorn und Ärger wohnen!«
Dann überleg dir was, dachte Anna. Ich mach inzwischen meine Hausübung. Die ist heute nämlich sehr lang. Und beim Überlegen kann ich dir sowieso nicht helfen. Ich überlege nämlich die Sache schon seit Wochen, und mir ist nichts Brauchbares eingefallen!
Als Anna mit der Hausübung fertig war, fragte sie beim Zwerg nach, ob ihm schon etwas gegen den Hermann eingefallen sei.
»Noch nicht ganz«, murmelte der Zwerg. »Aber ich knistere bereits sehr ideenreich, demnächst werde ich geistesblitzen!«
Dann will ich dich nicht stören, dachte Anna. Sie nahm ihr Hausübungsheft und ging zur Mama. Die Mama war im Zimmer der Liesl und besprach mit der Liesl die letzte Telefonrechnung.
Eigentlich stritten die beiden um die letzte Telefonrechnung.
»Wenn du dreimal in der Woche mit Italien telefonierst«, sagte die Mama, »mußt du mehr als die halbe Rechnung bezahlen!«
»Dafür quatschst du jeden Tag drei Stunden mit deinem verehrten Oskar herum«, sagte die Liesl, »und das gleicht sich ja wohl aus!«
»Ich? Drei Stunden am Tag?« rief die Mama. »Ich telefo-

HARMONIE

niere nicht einmal zehn Minuten am Tag. Und da ruft mich der Oskar an, und das kostet uns nichts.«
»Daß ich nicht lache!« rief die Liesl und lachte böse.
»Im Moment verdienst du jedenfalls wesentlich mehr als ich«, rief die Mama, »also sei nicht so kleinlich! Bezahl zwei Drittel von der Telefonrechnung, und die Sache hat sich!«
»Wenn du dir nicht dauernd Klamotten kaufen würdest«, rief die Liesl, »würdest du mit deinem Geld auch auskommen!«
Bevor die Mama antworten konnte, sagte Anna: »Ich habe die Rechenaufgabe fertig. Kannst du sie mir durchschauen, Mama?«
»Deine Aufgabe wird wohl Zeit haben!« keifte die Liesl Anna an. »Hörst du nicht, daß ich mit deiner Mama etwas Wichtiges zu besprechen habe?«
Anna streckte der Liesl ein bißchen die Zunge heraus.
»Du bist gemein zur Mama«, sagte sie. »Meine Mama kauft sich gar nicht dauernd Klamotten. Aber du fährst mit ihrem Auto herum und verbrauchst ihr Benzin und tankst nicht nach.«
Die Liesl verdrehte die Augen und seufzte tief. In Wörter übersetzt hieß das: Herr im Himmel, warum mutest du mir jeden Nachmittag dieses schreckliche Kind zu?
»Anna, misch dich da nicht ein«, sagte die Mama. Der Mama war es anscheinend unangenehm, daß Anna die Sache mit dem Benzin erwähnt hatte.
»Ist doch wahr!« rief Anna. »Gestern sind wir mit dem letzten Tröpferl Benzin gerade noch zur Tankstelle gekommen.«

Die Liesl fauchte die Mama an: »Hübsch, wie du hinterrücks über mich redest.«
Die Mama gab der Liesl keine Antwort. Sie nahm Annas Hausübungsheft.
Vierundzwanzig Rechnungen hatte Anna geschrieben. Nur einen Fehler entdeckte die Mama.
»Sehr gut, Anna«, lobte die Mama und gab Anna das Hausübungsheft zurück und stritt weiter mit der Liesl. Jetzt nicht mehr über die Telefonrechnung, sondern über den Benzinverbrauch.
Anna kehrte in das Zimmer der Mama zurück und besserte die falsche Rechnung aus. Das ging leicht, weil sie bloß aus einem Dreier einen Neuner machen mußte.
Na, fragte sie dabei den Zwerg, hat dich der Geistesblitz schon getroffen?
»Irgendwie schon«, sprach der Zwerg ziemlich zögernd.
Red schon, verlangte Anna ungeduldig.
»Ich muß mir das noch überlegen«, sagte der Zwerg. »Es wäre nämlich gefährlich für mich. Weil mir doch frische Luft schadet. Und weil ich überhaupt kein Held bin.«
Wieso Held? Was hast du dir denn überlegt? Anna zappelte vor Ungeduld.
»Also gut«, seufzte der Zwerg. »Morgen in der Schule werde ich in den Kopf vom Herrn Mann einsteigen und mich dort umschauen und erforschen, warum der Knabe so eklig ist. Wenn wir das wissen, können wir besser Gegenmaßnahmen ergreifen.«
Du bist ein Genie, dachte Anna.
»Danke«, sagte der Zwerg. Und dann sagte er noch: »Aber

keine Tricks, bitte! Nicht, daß du mich hinterher nicht mehr reinläßt. Ich wohne nämlich gern bei dir.«
Wo werd ich denn! Anna schüttelte den Kopf. Du bist doch das Beste, was ich hab.
»Echt?« fragte der Zwerg. Er schnüffelte ein bißchen. Anscheinend war er zu Tränen gerührt.

Am nächsten Tag, vor dem Achtuhrläuten...

Am nächsten Tag, vor dem Achtuhrläuten, als die Kinder noch in der Klasse herumstanden und die Frau Lehrerin mit dem Lehrer der Nachbarklasse bei der Klassentür tratschte, sprach der Zwerg: »Wenn es nach mir geht, dann wäre ich bereit.«
»Ich auch«, murmelte Anna. Sie war unheimlich aufgeregt.
»Also, dann gehen wir es halt an«, seufzte der Zwerg. »Aber genau nach Plan, wenn ich bitten darf! Sonst geht noch etwas schief. Und du weißt ja, frische Luft vertrage ich nur schlecht.«
Okay, genau nach Plan, dachte Anna. Der Plan ging so: Anna hatte zu warten, bis sich der Hermann auf seinen Platz gesetzt hatte. Dann mußte sie ganz dicht an den Hermann heranrücken. Bis ihre Schulter die seine berührte. Und so mußte sie bleiben, bis der Zwerg aus ihrem Ohr, den Hals hinunter-, die Schulter entlanggeklettert und auf die Schulter vom Hermann übergewechselt war.
Alles andere war dann Sache des Zwerges! Erst beim nächsten Läuten mußte Anna wieder aufpassen. Da mußte sie dann ihre Schulter an die Schulter vom Hermann drücken, damit der Zwerg den Heimweg antreten konnte.
Anna hatte sich für dieses Unternehmen extra eine andere Frisur gemacht. Ihre Haare, die sonst am Hinterkopf zusammengebunden waren, hingen heute über ihre Ohren und lagen, hübsch geringelt, auf ihren Schultern. So war der Zwerg, solange er auf Anna herumkletterte, in Dek-

kung. Und da der Hermann schwarze Ringellocken hatte, die seine Ohren bedeckten, war eigentlich für den Zwerg nur der Weg über die Schulter und den Hals vom Hermann wirklich gefährlich. Nur da war er zu sehen!
Anna setzte sich also auf ihren Stuhl und wartete. Der Hermann ging vom Papierkorb, wo er zwei Buntstifte gespitzt hatte, zu seinem Pult. Er setzte sich neben Anna.
In diesem Augenblick begann die Schulglocke zu ratschen. Die Frau Lehrerin kam in die Klasse und ging zum Lehrertisch. Die Kinder, die noch herumstanden, liefen auf ihre Plätze. Anna dachte: ›Los‹ und lehnte ihre Schulter an die Schulter vom Hermann. Ihre Angst, der Hermann könnte von ihr wegrutschen, war ganz unbegründet gewesen! Der Hermann preßte seine Schulter fest gegen die ihre, stemmte sich richtig gegen Anna und zischte ihr zu: »Verdräng mich doch nicht immer! Du bist auf meiner Hälfte! Geh sofort in deine Hälfte zurück!«
Anna gab nicht nach! Fest drückte sie sich gegen den Hermann und schielte dabei mit Herzklopfen auf den Hals vom Hermann. Der Zwerg kletterte gerade den roten Rollkragen vom Hermann empor. Ohne Zipfelmütze! Gleich darauf war er in den schwarzen Locken vom Hermann verschwunden.
Anna gab dem Druck der Hermann-Schulter nach und setzte sich wieder aufrecht hin, ganz auf »ihrer Hälfte«. Tastend griff sie sich in die Locken. Ja, da hing die winzige Zipfelmütze! Anna zog die Zipfelmütze aus den Haaren und steckte sie in die Hosentasche. Und starrte geradeaus. Zur Frau Lehrerin hin. Die Frau Lehrerin klappte die Wandtafel auseinander. Sie nahm ein Stück weiße Kreide

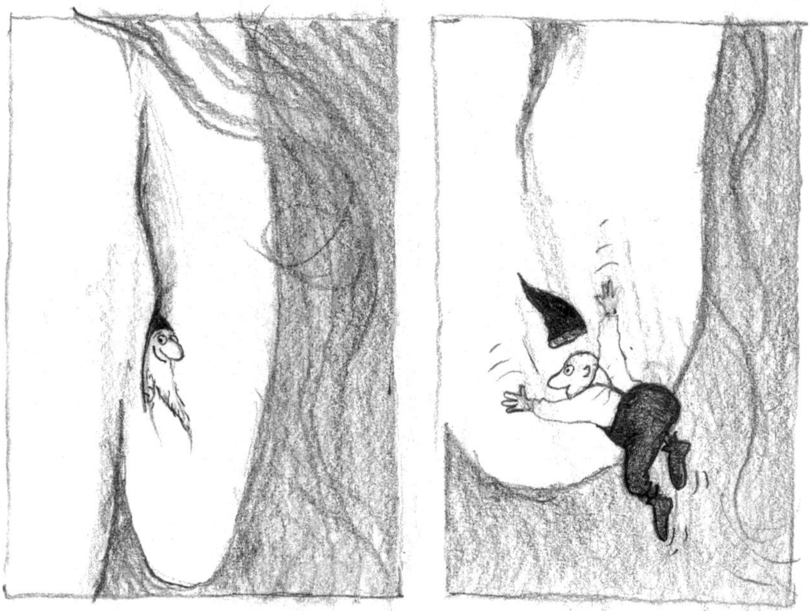

und schaute sich in der Klasse um. »Wer von euch will Schneeflocken malen?« fragte sie.
Ein paar Kinder hoben die Hände. Der Hermann hob die Hand nicht. Er rempelte Anna einen Ellbogen in die Rippen. Wahrscheinlich als Strafe dafür, daß sie ihn vorher »verdrängt« hatte.
Die Frau Lehrerin sah das und sagte: »Ich denke, am besten wird der Hermann Schneeflocken malen. Damit er auf vernünftige Gedanken kommt!«
Der Hermann stand auf. Er deutete auf Anna. »Sie hat zuerst gedrängt«, rief er.
»Hermann«, sagte die Frau Lehrerin, »jammer doch nicht immer wegen jeder Kleinigkeit! Komm jetzt raus und mach schöne Schneeflocken!«

Der Hermann ging zur Tafel. Die Frau Lehrerin drückte ihm die Kreide in die Hand. Der Hermann wollte zu malen anfangen, doch plötzlich verzog er das Gesicht, riß den Mund auf und ließ die Kreide fallen.
»Hermann, was ist denn?« fragte die Frau Lehrerin.
»Bitte, mir tut es im Kopf weh!« rief der Hermann. Er bückte sich nach der Kreide, aber er hob sie nicht auf. Gebückt stand er da und schlug sich mit beiden Händen gegen die Ohren. »Es sticht«, rief er. »Ganz schrecklich sticht es!«
Die Frau Lehrerin hob die Kreide auf und schaute den Hermann erstaunt an.
»Na, Hermann, dann setz dich halt wieder hin«, sagte sie.
»Die Gerti wird die Schneeflocken malen!«

Die Gerti lief zur Tafel, und der Hermann ging gebückt, mit beiden Händen über den Ohren, zu seinem Platz zurück. Er setzte sich auf seinen Stuhl und fing zu stöhnen an. Die Hände tat er nicht von den Ohren.
»Ja, Hermann, was machen wir denn bloß mit dir?« fragte die Frau Lehrerin.
Sie schaute ziemlich ratlos drein.
»Wahrscheinlich ist er sehr wehleidig«, sagte die Gerti zur Frau Lehrerin. Die Frau Lehrerin nickte zwar nicht, aber sie schien der gleichen Ansicht zu sein. Sie kam zum Pult vom Hermann, griff ihm an die Stirn und sagte: »Fieber hast du keines, Hermann.«
Der Hermann preßte die Hände ganz fest gegen seine Ohren und wackelte mit dem Kopf. »Das halte ich nicht aus«, jammerte er, »das soll aufhören, aber sofort!«
Damit hatte Anna nicht gerechnet! Zwerg-im-Kopf tat doch nicht weh! Das kitzelte doch bloß ein bißchen, wenn der Zwerg einstieg! Entweder war der Hermann wirklich speziell wehleidig, oder in seinem Kopf schaute es ganz anders aus als in Annas Kopf!
Alle Kinder in der Klasse starrten den stöhnenden, wakkelnden Hermann an. Die Frau Lehrerin sagte zu Anna: »Sei so lieb und führ den Hermann zur Frau Direktorin. Sie soll beim Hermann daheim anrufen, daß man ihn abholt!«
Anna stand auf. Ihre Knie zitterten. Und waren wie aus Pudding.
Wie sollte das denn jetzt weitergehen? Das war ja schrecklich! Ganz furchtbar war das!
Der Hermann hatte nicht gehört, was die Frau Lehrerin

gesagt hatte. Er hatte ja noch immer beide Hände über den Ohren. Anna zog ihm die Hand von dem Ohr, bei dem der Zwerg eingestiegen war. Ihre ganze Kraft brauchte sie dazu. »Komm schon!« rief sie.
Der Hermann stand auf. Anna nahm ihn an der Hand. Damit er sie nicht wieder übers Ohr tun konnte. Sie wollte dem Zwerg eine Chance zur Flucht geben.
Anna führte den Hermann aus der Klasse, den Flur entlang, zur Direktion.
»So komm doch endlich!« sagte sie mit flehender Stimme. Sie sagte das zum Zwerg, doch der Hermann glaubte, Anna habe ihn gemeint, und jammerte: »Wenn es doch so sticht! Da kann ich nicht schneller gehen.«
Die Tür zur Direktion stand offen. Die Frau Direktorin saß hinter ihrem Schreibtisch. Sie sah Anna mit dem Hermann herankommen.
»Was gibt es denn, Kinder?« fragte sie.
»Im Kopf sticht es mich so!« rief der Hermann, riß seine Hand aus Annas Hand und hatte wieder beide Hände über den Ohren.
»Wahrscheinlich eine Mittelohrentzündung«, sagte die Frau Direktorin bekümmert.
Anna dachte: Ich muß unbedingt beim Hermann bleiben, weil ich meinen Zwerg nicht verlassen darf.
Die Frau Direktorin schob den Hermann zu einem Stuhl. »Setz dich hin, du Armer«, sagte sie.
Der Hermann sank auf den Stuhl. Die Frau Direktorin ging zum Telefon. »Wie heißt er?« fragte sie Anna.
»Hermann Schnack, eins be!« sagte Anna.
Die Frau Direktorin blätterte in dem Buch, in dem die

Adressen und Telefonnummern aller Schüler notiert waren.
»Da haben wir ihn ja, den Schnack«, sagte sie und wählte.
Anna beugte sich zum Hermann herunter. Sie tat, als habe sie riesiges Mitleid mit ihm. Sie legte ihren Kopf an seinen und sagte leise: »Halt nur durch, hab keine Angst, bitte! Irgendwie wird das schon wieder!«
Gerührt schaute die Frau Direktorin beim Telefonieren zu Anna. Daß Anna nicht mit dem Hermann, sondern zum Zwerg sprach, ahnte sie ja nicht.
Als die Frau Direktorin den Hörer aufgelegt hatte, sagte sie zu Anna: »Du bist eine gute Trösterin. Bleib bei ihm, bis seine Mama kommt.« Dann spannte sie ein Blatt Papier in die Schreibmaschine und tippte einen Brief.
Anna versuchte unauffällig, dem Hermann die Pfoten vom Kopf zu ziehen. Es gelang ihr nicht. Stur preßte der Hermann beide Hände an die Ohren. Allerdings lagen dabei seine Finger nicht ganz dicht aneinander.
Vielleicht, dachte Anna, ist der Zwerg schon zwischen den Fingern vom Hermann durchgeschlüpft? Vielleicht sitzt er jetzt irgendwo in den Locken vom Hermann und hat schreckliche Angst, weil er doch nicht schwindelfrei ist?
Anna streichelte dem Hermann zärtlich über den Kopf. Den Zwerg spürte sie nicht.
Dann ging alles sehr schnell. Die Mutter vom Hermann marschierte zur Tür herein, sagte zur Frau Direktorin: »Danke für den Anruf«, stürzte auf den Hermann zu, rief: »Mein armer Burli«, nahm den Hermann in die Arme, sagte zur Frau Direktorin: »Der Burli muß schleunigst ins

Bett«, und wieselte, mit ihrem Riesenbaby in den Armen, davon.

»Na, geh wieder in deine Klasse zurück«, sagte die Frau Direktorin zu Anna. »Und mach dir keine Sorgen um deinen Freund, er dürfte übermäßig schmerzempfindlich sein.«

Anna nickte und stolperte aus der Direktion. Bei einem Flurfenster blieb sie stehen. Von da konnte man auf die Straße sehen.

Vor dem Schultor parkte ein Taxi. Die Mutter vom Hermann kam aus der Schule und lief auf das Taxi zu. Der Fahrer stieg aus dem Wagen, riß eine hintere Wagentür auf, die Hermann-Mutter kroch mit ihrem Riesenbaby in das Auto hinein, der Fahrer schlug die Wagentür zu und stieg, beim Fahrersitz, ins Auto. Dann raste das Auto davon.

Anna ging in ihre Klasse zurück. Unheimlich traurig war sie. Sie setzte sich auf ihren Platz und versuchte, der Frau Lehrerin zuzuhören, aber sie verstand kein einziges Wort von dem, was die Frau Lehrerin erzählte. Sie merkte nicht einmal, daß jetzt beide Wandtafeln voll Schneeflocken waren. In ihrem Kopf war nichts als: mein Zwerg, mein armer Zwerg! Auch in der Pause blieb Anna auf ihrem Platz. Der Peter kam zu ihr und wollte sie von seinem Apfel abbeißen lassen. Anna schüttelte den Kopf.

»Keinen Hunger?« fragte der Peter.

Anna schüttelte den Kopf.

»Bist bös auf mich?« fragte der Peter.

Anna schüttelte den Kopf.

»He, du!« Der Peter stupste Anna auf die Nase. »Was ist?«

»Gar nichts«, murmelte Anna. Was sollte sie denn dem Peter sagen? Vielleicht: Mein Kopf-Zwerg hat das Hirn vom Hermann besichtigt, und jetzt weiß ich nicht, ob er noch im Schädel vom Hermann drin ist oder ob er irgendwo hilflos herumliegt. Und vielleicht hat ihn schon wer totgetreten!

Das konnte Anna dem Peter doch wirklich nicht sagen. Der hätte sie doch für verrückt gehalten.

»Mir tut der Hals weh«, krächzte Anna. Sie hielt das für eine brauchbare Ausrede.

Der Peter legte einen Arm um Annas Schultern. »Sicher hat dich das Hermann-Ekel angesteckt«, sagte er. »Du gehörst ins Bett. Ich sag es der Frau Lehrerin.«

Anna war gar nicht mehr daran gewöhnt, ohne Zwerg-im-Kopf zu denken, aber sie kapierte doch: Das ist gut! Das ist eine Chance!

Der Peter nahm den Arm von Annas Schultern und lief zur Frau Lehrerin.

Ein paar Minuten später saß Anna in der Direktion, und die Frau Direktorin telefonierte wieder. Zuerst rief sie bei der Mama daheim an. Anna hätte ihr gleich sagen können, daß da niemand den Hörer abheben würde. Die Liesl hatte heute Frühschicht. Die war Serviererin in einem Espresso. Und die Mama war im Rundfunk. Gestern hatte sie Anna erzählt, daß sie morgen, »in aller lausigen Herrgottsfrühe«, in das Rundfunkstudio müsse. Sie probte wieder einmal ein Hörspiel.

Dann rief die Frau Direktorin im Büro vom Papa an. Dort

erfuhr sie, daß der Papa von Anna »unterwegs« sei und erst zu Mittag erwartet werde.
»Ja, Anna, was tun wir denn da mit dir?« fragte die Frau Direktorin.
Anna griff in den Halsausschnitt ihres Pullovers und zog die Schlüsselkette heraus. Anna hatte wie immer die Wohnungsschlüssel vom Papa und von der Mama an einer goldenen Kette um den Hals hängen.
»Die Papa-Wohnung ist gleich um die Ecke«, krächzte Anna. »Und die Füße tun mir ja nicht weh. Und mit dem Hals muß ich nicht laufen.«
Das überzeugte die Frau Direktorin. Sie begleitete Anna in die Garderobe, wickelte ihr den Schal dreimal um den Hals, trug ihr auf, sich daheim sofort ins Bett zu legen, und brachte sie bis zum Schultor.
Dort krächzte Anna noch: »Danke, Frau Direktorin« und ging dann, mit kleinen, ein bißchen müden Schritten davon. So, wie sie sich vorstellte, daß ein halswehkrankes Kind eben geht, ging sie.

Bis an die Straßenecke...

Bis an die Straßenecke marschierte Anna brav Richtung Papa-Wohnung. Dann linste sie zur Schule zurück. Die Frau Direktorin stand nicht mehr beim Schultor.

Anna atmete erleichtert auf, machte kehrt und lief an der Schule vorbei die Straße hinunter, zweimal um eine Ecke, dem Supermarkt zu. Im Haus vom Supermarkt wohnte der Hermann.

Anna ging ins Supermarkt-Haus hinein und viermal zwanzig Stufen hoch, bis sie zur Tür mit dem Türschild *Schnack* kam. Sie drückte auf den Klingelknopf neben dem Türschild.

Die Hermann-Mutter machte die Wohnungstür auf. Erstaunt schaute sie auf Anna hinunter. »Bist du nicht das Mäderl, das in der Direktion bei unserem Burli gewesen ist?« fragte sie.

Anna nickte. »Ja«, sagte sie. »Ich bin die Anna, und ich möchte den Hermann besuchen.«

»Wieso ist denn heute schon die Schule aus?« fragte die Hermann-Mutter.

»Bitte, das weiß ich nicht«, log Anna und kam sich ziemlich blöde vor, denn wenn um halb zehn Uhr Unterrichtsschluß ist, dann wissen die Schüler doch den Grund für diesen überraschenden Glücksfall. Aber die Hermann-Mutter fragte gar nicht weiter nach und führte Anna zum Hermann in das Kinderzimmer.

Der Hermann lag in seinem Bett, in himmelblauer Bettwäsche; er blätterte in einer Mickymaus.

»Jetzt geht es unserem Burli schon wieder viel besser«, sagte die Hermann-Mutter. »Der Kopf tut ihm überhaupt nicht mehr weh.«
Herr im Himmel, dachte Anna, das ist ja furchtbar schrecklich! Soll das bedeuten, daß mein Zwerg nicht mehr in seinem Schädel ist?
»Aber in dem einen Ohr kitzelt es noch immer so blöd!« Der Hermann schlug sich mit der Mickymaus-Zeitschrift auf das rechte Ohr.
Gepriesen sei der Herr, dachte Anna, dann ist ja alles in Butterschmalz. Wer sonst als der Zwerg sollte im Ohr vom Hermann herumkitzeln? Anna ging zum Bett vom Hermann und setzte sich auf die Bettkante.
»Na, da siehst du es, Burli«, sagte die Hermann-Mutter. »Immer behauptest du, daß dich in der Schule kein Kind leiden kann. Und jetzt kommt dich die Anna besuchen. Das täte sie doch nicht, wenn sie dich nicht sehr liebhätte.« Die Hermann-Mutter strahlte, anscheinend vor lauter Glück.
»Na, sowieso mag ich ihn«, sagte Anna und kam sich sehr, sehr verlogen vor.
Der Hermann schaute Anna erstaunt an. Er wollte etwas sagen, doch da rief die Hermann-Mutter: »Anna, du wirst Hunger haben! Willst du ein Stück Torte oder lieber ein Stück Nußstrudel?«
»Den Nußstrudel gib ihr nicht«, raunzte der Hermann. »Den will ich haben.«
»Aber Burli, die Anna ist doch dein Gast«, sagte die Hermann-Mutter. »Einem Gast muß man auch die Sachen geben, die man selber gern hätte.«

»Mir ist Torte eh viel lieber«, sagte Anna.
Die Hermann-Mutter ging, um die Torte zu holen. Als sie aus dem Zimmer kam, beugte sich Anna zum rechten Ohr vom Hermann. »Wo kitzelt es denn?« fragte sie und starrte in das Ohr hinein.
»Zuerst hat es ganz tief drinnen gekitzelt«, jammerte der Hermann. »Aber jetzt auf einmal kitzelt es mehr außen.«
Anna hielt den Atem an. In der rechten Ohrmuschel vom Hermann, aus dem Gehörgang, tauchte der Kopf vom Zwerg auf.
»Und jetzt kitzelt es fast überhaupt nicht mehr«, stellte der Hermann erleichtert fest.
»Das ist ja wunderschön«, flüsterte Anna. Sie legte eine Hand unter das rechte Ohr vom Hermann. Der Zwerg kroch aus dem Gehörgang in die Ohrmuschel, rutschte über das Ohrläppchen hinunter und sprang in Annas Handfläche. Anna zog die Hand vom Hermann-Ohr weg.
»Ich bin ja so froh«, sagte sie.
»Und ich erst«, sagte der Hermann.
Anna hob die Hand vorsichtig an ihr eigenes Ohr und neigte den Kopf, damit der Zwerg bequem einsteigen konnte. Und die Zipfelmütze, die er vorher beim Einsteigen verloren hatte, reichte sie ihm noch nach.
Willkommen daheim, lieber Zwerg, dachte sie. Wie geht es dir denn? Ich hab schreckliche Angst um dich gehabt!
Zuerst sagte der Zwerg gar nichts. Er stöhnte bloß, ganz herzergreifend. Dann murmelte er: »Also, ich sag dir, in dem Kerl seinem Kopf geht es vielleicht zu! Da spielt sich

der helle Wahnsinn ab. Brrrrrrr! Ein Gefängnis ist ja das wahre Paradies gegen einen Aufenthalt in diesem Schädel!«
Hierauf gähnte der Zwerg einmal und war, bevor er ein zweites Mal gähnen konnte, eingeschlafen.
Am liebsten wäre Anna sofort aufgestanden und heimgegangen. Doch sie wollte nicht unhöflich sein. Also mampfte sie brav ein Stück von der entsetzlich süßen und entsetzlich fetten Torte, die die Hermann-Mutter gebracht hatte. Und weil es der Hermann wollte, spielte sie *Schwarzer Peter* mit ihm. Nach der dritten Partie reichte es ihr. Der Hermann benahm sich zu eklig. Weil er unbedingt gewinnen wollte, hielt er – wenn er nur noch zwei Karten in der Hand hielt – die Karte, die nicht der Schwarze Peter war, ganz fest und kreischte, wenn Anna diese Karte ziehen wollte: »Nein-nein-nein, die geb ich nicht her!«
»Weil er halt krank ist«, sagte die Hermann-Mutter dazu. »Wenn man krank ist, dann wird man ein bißchen komisch.«
»So ist er aber auch, wenn er gesund ist«, sagte Anna und stand auf.
Die Hermann-Mutter schaute bekümmert. »Magst nicht noch ein bisserl bleiben?« fragte sie.
»Danke, nein«, sagte Anna und gab dem Hermann zum Abschied die Hand.
Die Hermann-Mutter brachte Anna bis zur Wohnungstür. Dort sagte sie: »Weißt du, unser Burli ist eben ein Einzelkind.«
»Das bin ich auch«, sagte Anna.
»Aber er war leider nicht im Kindergarten«, sagte die Her-

mann-Mutter. »Darum tut er sich halt ein bisserl schwer mit anderen Kindern.«
»Ich war auch nicht im Kindergarten«, sagte Anna, gab der Hermann-Mutter die Hand und lief die Treppen hinunter. Die Hermann-Mutter seufzte und schaute traurig hinter Anna her.

Eigentlich hätte Anna ja nun in die Schule zurückkehren können. Aber das hätte wohl ein wenig merkwürdig ausgesehen. So schnell wird ein kranker Hals nicht wieder gesund!
Also ging Anna heim, in die Papa-Wohnung, und staunte nicht schlecht, als sie dort den Papa und die Mama fand. Und beide waren in heller Aufregung.
»Gerade wollte ich bei der Polizei anrufen«, rief der Papa. »Und Vermißtenanzeige erstatten!«
»Und ich war schon viermal auf dem Klo«, rief die Mama. »Ich habe Bauchweh aus lauter Angst um dich!«
Gleich nachdem die Frau Direktorin im Büro vom Papa angerufen hatte, hatte auch der Papa dort angerufen. Und da hatte er erfahren, daß seine arme Anna sehr krank sei und von der Schule nach Hause geschickt worden war. Und da war er natürlich schnurstracks heimgefahren! Und wie er seine Anna daheim nicht gefunden hatte, hatte er im Rundfunk angerufen und die Mama alarmiert. Und die Mama hatte ihre Hörspielprobe sofort abgebrochen und war angebraust!
»Wo warst du denn, du Wahnsinnskind?« riefen der Papa und die Mama. »Wir haben dich überall gesucht. Den Weg

von der Schule bis hierher sind wir gut zehnmal abgegangen. Sogar beim Franz-Josef haben wir angerufen.«
»Beim Hermann war ich«, sagte Anna. »Einen Krankenbesuch habe ich ihm abgestattet.«
»Wieso gehst du denn zu diesem blöden Kerl?« rief der Papa.
»Weil er etwas von mir gehabt hat, was ich unbedingt zurückhaben mußte«, sagte Anna. »Aber schon ganz unbedingt!«
Die Mama schrie: »Also, du bist total übergeschnappt! Bist krank und rennst in der Gegend herum!«
»Ich bin nicht krank«, sagte Anna. »Das hat sich bloß so ergeben.«
»Was hat sich bloß so ergeben?« schrie der Papa. »Hast du nun Halsweh? Oder hast du nicht Halsweh? Oder bist du einfach total plemplem?«
Anna stieg auf einen Stuhl und brüllte: »Ruhe jetzt! Sofort Ruhe, wenn ich bitten darf!«
Immer wenn Anna vom Papa oder von der Mama angeschrien wurde, kletterte sie auf einen Stuhl und schrie von dort aus zurück. Sie fand das gerechter so. Wenn Menschen einander schon anbrüllten, dann sollten sie sich wenigstens dabei in die Augen sehen können. Auf die »Kleinen« hinunterzubrüllen, fand Anna, ist ja keine Kunst.
Wie immer, wenn Anna vom Stuhl aus losbrüllte, mußten der Papa und die Mama lachen.
»Okay, okay«, sagte die Mama. »Das Fräulein Tochter hat wieder einmal gewonnen.«
»Ich schnurre ohnehin schon wieder wie ein alter Kater«,

sagte der Papa. Er hob Anna vom Stuhl und gab ihr einen Kuß auf die Nasenspitze. Einen von der feuchten Sorte, die Anna nicht leiden konnte.

»Und wie geht es jetzt weiter?« fragte die Mama. »Mit Ins-Bett-Legen und Halswickel- und Essigumschläge-Machen scheint ja wohl nun nichts zu laufen, oder?«

»Gott bewahre«, sagte Anna. »Ich bin ein kerngesundes Kind.«

»Und für so ein Balg nimmt man sich frei!« riefen der Papa und die Mama.

»Also bitte«, sagte Anna. »Wenn ihr euch wegen einer kranken Anna freigenommen habt, dann könntet ihr eigentlich die freie Zeit mit der gesunden Anna verprassen.«

»Und zwar wie?« fragte der Papa.

»Und zwar wo?« fragte die Mama.

»Gar nicht besonders wie und wo«, sagte Anna. »Spielen wir einfach was?«

»Dreier-Quartett?« fragte der Papa. Dreier-Quartett spielte er gerne.

»Memory?« fragte die Mama. Beim Memory-Spielen war sie immer Siegerin.

»Vater-Mutter-Kind«, sagte Anna.

Der Papa und die Mama seufzten.

Anna deutete auf die Mama. »Du bindest dir eine Schürze um und kochst für uns Bohnengulasch mit Burenwurst. Da haben wir alles dafür daheim!«

Anna deutete auf den Papa. »Und du setzt dich ins Wohnzimmer und liest die Zeitung und schimpfst auf die Regierung.«

Anna deutete auf ihre eigene Brust. »Und ich renne zwischen euch hin und her und falle euch unheimlich auf den Wecker!«
»Ein blödes Spiel«, murmelte die Mama.
»Und auf die Regierung hab ich doch schon beim Frühstück geschimpft«, murmelte der Papa.
»Es ist aber mein Lieblingsspiel«, sagte Anna.
»Na, dann wollen wir mal«, sagten der Papa und die Mama und holten die Schürze und die Zeitung.

Hätte Anna den Zwerg nicht wach geniest...

Hätte Anna den Zwerg nicht wach geniest, hätte der wohl noch wochenlang weitergeschlafen. Doch Anna gönnte ihm bloß vier Tage Ruhepause. Sie wollte schließlich genau wissen, was der Zwerg im Hermann-Kopf erlebt hatte und ob er entdeckt hatte, warum der Hermann so ein ekliges Kind war.
»O Gotterl eins«, sagte der wach genieste Zwerg gähnend, »im Herrn Mann seinem Schädel herrscht das totale wirrwarre Chaos. Es zuckt und zittert, blitzt und kracht, wimmert und wummert, nagt, sägt und kreischt. Unmöglich, da eine Übersicht zu bekommen. Jedenfalls kommt er sich ganz arm vor. Und denkt, er muß sich gegen die Gemeinheiten der anderen Kinder zur Wehr setzen.«
Anna seufzte. Dann war also deine ganze Mühe für die Katz? fragte sie.
»Ich weiß nicht recht«, sagte der Zwerg. »Ich habe jedenfalls versucht, in dem Schädel allerhand zurechtzubiegen und ein paar Kontakte umzupolen und eine neue Leitung zu legen. Man wird ja sehen, ob es etwas geholfen hat.«
Anna dachte: Einen Schmarrn hat es geholfen! Beim Schwarzer-Peter-Spielen war er so eklig wie immer. Kein bißchen freundlicher als früher!
»Na ja«, sagte der Zwerg. »Vielleicht wirkt sich meine Murkserei und Pfuscherei erst langsam aus. Vielleicht muß sich die neue Leitung, die ich gelegt habe, noch eindenken. Vielleicht muß erst noch ein bißchen Rost von dem, was ich zurechtgebogen habe, blättern. Das dauert manchmal.

Das geht nicht immer von einem Tag auf den anderen.«
Dein Wort in Gottes Ohr, dachte Anna. Viel Hoffnung darauf, daß der Zwerg recht haben könnte, hatte sie nicht.
»Wann kommt denn der Herr Mann wieder in die Schule?« fragte der Zwerg.
Angeblich nächsten Montag, dachte Anna. Gestern war seine Mutter in der Schule. Sie hat gesagt, es geht dem Hermann schon recht gut, aber er wird noch untersucht. Jeden Tag geht sie mit ihm zu einem anderen Arzt, weil das ja nicht normal ist, daß ein Kind plötzlich so furchtbare Schmerzen im Kopf hat, die dann wie weggeblasen sind.
Der Zwerg lachte. »Da bin ich aber froh«, kicherte er, »daß ich aus dem Kopf raus bin, bevor sie ihn geröntgt und elektronisch vermessen haben.«
Hätte man dich da entdeckt? fragte Anna.
»Keine Ahnung«, sagte der Zwerg. »Diese Erfahrung habe ich noch nicht hinter mir, und ich bin auch echt nicht neugierig drauf.«
Und dann fühlte sich der Zwerg wieder müde. Er war gerade noch bereit dazu, mit Anna die Rechen-Hausübung zu machen. Aber auch dabei gähnte er schon schauerlich, und als Anna das Rechenheft zuklappte, murmelte er: »Ich mach nur schnell ein Nickerchen« und war, bevor Anna das Heft in die Schultasche gesteckt hatte, eingeschlafen.
Anna störte das nicht. Sie wollte nämlich den Peter besuchen. Der Peter hatte Geburtstag. Nur Anna hatte er zum Geburtstagfeiern eingeladen. Sonst niemanden!

Anna war sehr stolz darauf. Und zum Geburtstagfeiern brauchte sie den Zwerg wirklich nicht.

Der Peter hatte nicht nur den großen Bruder, von dem er die geflickten Hosen und Hemden auftragen mußte, der Peter hatte auch drei Schwestern. Zwei große und eine kleine. Die kleine Schwester war winzig. Sie lag in einem Gitterbett, nuckelte an einem Schnuller und schaffte es nicht einmal, sich vom Bauch auf den Rücken zu drehen. Bloß den Kopf konnte sie ein bißchen heben. Und wenn man ihr einen Finger vor die Nase hielt, spuckte sie den Schnuller aus, lachte und grapschte sich mit einem Händchen den Finger und hielt ihn fest.
Die zwei großen Schwestern vom Peter waren schon so groß, daß sie angemalte Lippen und rot lackierte Fingernägel hatten und blond gebleichte Strähnchen in den braunen Locken.
Der große Bruder vom Peter hieß Paul und war elf Jahre alt. Er schaute dem Peter sehr ähnlich. Und er war nicht so hochnäsig wie andere elfjährige Buben, die mit kleinen, siebenjährigen Kindern nicht spielen wollen.
Die Mama vom Peter war ein bißchen dick und sehr freundlich. Und eine ganz tolle Tortenbäckerin. Auf der Geburtstagstorte vom Peter prunkte ein daumengroßer Marzipan-Peter; den hatte sie selbst gemacht!
Die Wohnung vom Peter war nicht groß. Da war ein Wohnzimmer, in dem schliefen in der Nacht, auf einem Ausklappbett, der Papa und die Mama vom Peter. Und das Baby in seinem Gitterbett. Dann gab es noch zwei

winzige Zimmerchen. Eines für die zwei großen Schwestern, eines für den Peter und den Paul. Im Peter-Paul-Zimmer waren ein Etagenbett und zwei kleine Schreibtische und zwei Sessel. Mehr ging da nicht hinein.

Darum hatte der Peter auch keine richtige, große Geburtstagsparty machen können. Die Kinder hätten keinen Platz zum Spielen gehabt, ja, nicht einmal einen Platz zum Sitzen.

Doch den Peter störte das nicht. »Hauptsache, daß du da bist!« sagte er zu Anna, als er mit ihr und den Geschwistern beim Küchentisch saß und die Geburtstagstorte anschnitt.

»Du bist nämlich seine erste große Liebe«, sagte die eine große Schwester zu Anna. Und weil der Peter deswegen knallrot im Gesicht wurde, sagte die andere große Schwester zu ihm: »Also, jetzt lauf bloß nicht rot an, Peter! Für die Liebe braucht man sich nicht zu schämen.«

Und der Paul fragte Anna: »Und du, liebst du den Peter auch?«

Weil man sich für die Liebe nicht zu schämen braucht, wurde Anna gar nicht rot im Gesicht, sondern sagte bloß: »Na klar!«

Da holte die Mama vom Peter zwei große Flaschen Cola aus dem Eisschrank und sechs Gläser aus der Kredenz und sagte: »Na, dann wollen wir auf das große Liebesglück anstoßen!«

»Unser Liebesglück wäre aber doppelt so groß«, sagte der Peter, »wenn wir in der Schule nebeneinandersitzen könnten.«

Anna nickte. »Stimmt!« sagte sie.
Die Mama vom Peter schenkte die Gläser voll Cola. »Das muß doch zu schaffen sein«, sagte sie.
»Überhaupt jetzt«, sagte der Paul, »wo dieser blöde Hermann eh nicht da ist. Da ist doch der Platz neben der Anna frei.«
»Aber der Hermann kommt am Montag wieder«, sagte Anna.
»Muß er sich halt auf den Platz vom Peter setzen«, sagte die eine große Schwester.
»Das wird der Michi nicht mögen«, sagte Anna. »Der Michi will nicht neben dem Hermann sitzen!«
»Also, den Michi, den kenn ich«, sagte die Mama vom Peter. »Der soll ruhig neben dem Hermann sitzen. Der kann sich gegen den Hermann viel besser wehren als du.«
»Genau«, sagte der Paul.
»Aber ob das die Frau Lehrerin erlaubt?« fragte Anna.
»Das laß nur mich machen«, rief der Peter. »Gleich morgen in der Früh frag ich sie. Das werd ich schon hinkriegen.«
»Und wenn es der Peter nicht schafft«, sagte die Mama vom Peter, »dann gehe ich in die Schule und regle das.«
Sie reckte ihre dicke Brust weit vor, hob die Arme und winkelte sie ab wie ein Bodybuilder, der seine Bizepse vorzeigt, machte eine grimmige Miene und sprach: »Ich bin nämlich enorm durchschlagskräftig, wenn es darauf ankommt.«
Anna war glücklich. Nicht nur wegen der Hoffnung auf

lauter wunderschöne Vormittage neben dem Peter. Ihr gefiel es beim Peter daheim. Die Peter-Geschwister, fand sie, waren die nettesten Kinder, die sie kannte. Sogar das Baby gefiel Anna. Obwohl sie bisher Babys noch nie besonders hatte leiden mögen.

Als der Papa am Abend Anna abholte, fragte Anna die Mama vom Peter: »Darf ich bald wiederkommen?«

»Aber Anna!« rief der Papa. »Dräng dich doch nicht so auf! Das gehört sich nicht!«

»Klar gehört sich das!« sagte die Mama vom Peter zum Papa, und zu Anna sagte sie: »Von mir aus kannst du jeden Tag kommen. Bei uns kommt es auf einen mehr oder weniger auch nicht mehr an.«

Den ganzen Heimweg über erzählte Anna dem Papa, wie schön es beim Peter gewesen war. Und als sie daheim ankamen, sagte sie: »Ich hätte auch gern viele Geschwister! Schwestern und Brüder und ein Baby. Dann wäre immer wer da, mit dem ich spielen und reden könnte und Spaß haben.«

»Okay«, sagte der Papa. »Heirate ich halt wieder und erzeuge dir Geschwister.«

»Du spinnst ja!« rief Anna. »Nur Babys will ich nicht! Und große Brüder und Schwestern kannst du mir doch nicht erzeugen, das hättest du machen müssen, bevor ich zur Welt gekommen bin.«

»Heirate ich halt eine Frau, die schon große Kinder hat«, sagte der Papa. »Da gibt es auch jede Menge davon.«

»Die Frau, die so nette Kinder hat wie die Geschwister vom Peter, die führ mir erst einmal vor«, rief Anna.

»Ich werd mich bemühen«, sagte der Papa.

»Laß es bleiben«, sagte Anna. »Schaffst du sowieso nie im Leben.«
»Ich schaff alles«, sagte der Papa. »Wenn ich will!«
»Untersteh dich!« rief Anna, griff nach dem roten Sofakissen und warf es dem Papa an den Kopf.
»Ich hab doch nur Spaß gemacht«, sagte der Papa und legte das rote Kissen wieder aufs Sofa.
»Und ich kann solche Späße nicht leiden«, sagte Anna und lief aus dem Wohnzimmer.
Der Papa kam hinter ihr her. »Aber Anna«, sagte er. »Du hast keinen Humor. Echt nicht!«
Anna nahm den rosa Ranzen, der im Vorzimmer an der Garderobe lehnte, und ging in ihr Zimmer. Jetzt hat er mir den ganzen glücklichen Tag verpatzt, dachte sie. Heiraten! Neue Kinder kriegen! Spaß gemacht! Und wenn es doch kein Spaß war?
Anna machte den rosa Ranzen auf, drehte ihn um und kippte alles, was im Ranzen war, auf den Boden.
»Was machst du denn da?« fragte der Papa. Er stand in der offenen Zimmertür.
»Ich räume meine Schultasche aus, siehst du ja«, fauchte Anna.
»Sonderbare Methode«, sagte der Papa. »Soll ich mit dem Staubsauger kommen und nachhelfen?«
»Ach, laß mich doch in Ruhe«, fauchte Anna.
»Ehrenwort, Anna«, sagte der Papa. »Ich such mir keine neue Frau. Keine mit Kindern und auch keine ohne Kinder. Das schwöre ich dir!« Der Papa hob die rechte Hand und reckte Zeigefinger und Mittelfinger hoch.
»Großes Ehrenwort?« fragte Anna.

»Größer geht es gar nicht mehr«, sagte der Papa.
»Okay!« Anna lächelte dem Papa zu. Sie bückte sich und sammelte den verstreuten Schulkram wieder ein. Der Papa half ihr dabei. Und dann setzte sich der Papa an Annas Schreibtisch und spitzte Annas Buntstifte. Alle vierundzwanzig. Und aus rotem Glanzpapier machte er Annas Lesebuch einen neuen Einband. Und hinterher kochten der Papa und Anna Nachtmahl. Risi-Pisi mit Naturschnitzel kochten sie, Annas Lieblingsspeise.
Beim Nachtmahlessen sagte der Papa: »Irgendwie haben wir zwei es doch auch ganz schön, oder?«
Anna nickte. Irgendwie hatte der Papa, fand sie, recht.

Es war gar nicht nötig…

Es war gar nicht nötig, daß die Mama vom Peter in die Schule kam und ihre Durchschlagskraft bewies. Der Peter schaffte es ganz alleine.

»Das ist überhaupt nicht schwierig gewesen«, sagte er lachend, als er sich auf den Hermann-Platz neben Anna gesetzt hatte und seinen Schulkram in das Pult stopfte. »Ich habe die Frau Lehrerin gar nicht lange überreden müssen, sie war gleich einverstanden. Blöd von mir, daß ich das nicht schon längst getan habe.«

Höchstwahrscheinlich wäre die Frau Lehrerin nicht so schnell einverstanden gewesen, hätte sie geahnt, welche Kettenreaktion das auslösen würde!

Kaum hockte nämlich der Peter zufrieden neben Anna, meldete sich der Michi und fragte, ob sich nun die Susi auf den freien Platz neben ihm setzen dürfe.

Als die Frau Lehrerin das erlaubt hatte, meldete sich die Alexandra, die bisher neben der Susi gesessen war, und fragte, ob sich nun der Sascha auf den freien Platz neben ihr setzen dürfe.

Als die Frau Lehrerin auch das erlaubt hatte, wollte die Ruth den »alten Platz« vom Sascha haben. Und dann wollte die Angela den »alten Platz« von der Ruth haben. Und so ging das weiter und weiter, bis fast die Hälfte der Kinder »umgezogen« war und die Pausenglocke ratschte. Schließlich blieb ein Pult in der ersten Pultreihe unbesetzt. Das Pult vor Anna und Peter.

Die Frau Lehrerin sagte: »Da wird dann wohl der Her-

mann sitzen, wenn er wieder gesund ist. Und neben ihm die Alma, wenn sie aus Tirol zurückkommt.«
Der Peter flüsterte Anna zu: »Das ist gut. Da wird das Hermann-Ekel Augen machen! Ich kenne die Alma. Mit der war ich im Kindergarten. Die hat keine Haare auf den Zähnen, die hat Borsten auf den Zähnen.«
Die Alma war seit ein paar Wochen in Tirol bei ihrer Tante. Weil ihre Eltern einen Autounfall gehabt hatten und nun total vergipst im Krankenhaus lagen. Die Alma mußte in Tirol bleiben, bis ihre Eltern wieder gesund waren.
Anna hatte wegen der Alma ein schlechtes Gewissen. Hätte sich der Peter nicht zu mir gesetzt, dachte sie, würde die Alma nicht das Hermann-Ekel als Pultnachbarn bekommen. Und sie kann sich gar nicht dagegen wehren, weil sie nicht da ist. Und was nützen schon Borsten auf den Zähnen gegen den Hermann? Nichts!
Anna nahm sich vor, sozusagen als Ausgleich, zur Alma ganz lieb zu sein. Sie dachte: Wenn die Alma wieder da ist, dann bringe ich ihr jeden Tag eine Nektarine mit. Nektarinen, hat sie mir einmal erzählt, sind ihre Lieblingsobstsorte. Und mein kleines grünes Stoffkrokodil werde ich ihr schenken. Ob die Alma das kleine grüne Stoffkrokodil mochte, wußte Anna nicht. Aber Anna mochte es sehr gern. Es herzuschenken war ein echtes Opfer. Und mit einem echten Opfer, fand Anna, konnte man ein schlechtes Gewissen am besten beruhigen.
Als der Hermann am Montag wieder in die Schule kam und erfuhr, daß er nun seinen Platz in der ersten Pultreihe hatte, sagte er bloß: »Ist mir doch ganz egal!« Aber es war ihm anzumerken, daß er damit nicht einverstanden war.

Anna saß nun schräg hinter dem Hermann. Sie beobachtete ihn den ganzen Vormittag lang. Sie wollte feststellen, ob es dem Zwerg gelungen war, im Kopf vom Hermann irgend etwas zu verändern.
Aber das war nicht so leicht zu entscheiden! Einerseits mußte Anna zugeben: Der Hermann sitzt ruhig auf seinem Platz. Er stänkert nicht. Er rempelt nicht. Er beschwert sich nicht bei der Frau Lehrerin. Er benimmt sich wie ein normales Kind.
Aber andererseits sagte sich Anna: Neben dem Hermann sitzt ja heute niemand, den er rempeln kann und über den er sich bei der Frau Lehrerin beschweren kann! Er hat das Pult für sich allein, kein fremder Buntstift kann auf »seine Hälfte« rollen, und niemand will sich den Radiergummi von ihm borgen. Und heute hat noch niemand mit ihm geredet und ihm erzählt, daß er daheim eine Katze, einen Hund oder ein ferngesteuertes Motorboot hat. Also hat der Hermann auch noch gar nicht angeben und behaupten können, daß er daheim drei Katzen, sieben Hunde und eine ganze ferngesteuerte Flotte hat!
In der großen Pause dachte Anna: So, jetzt werde ich die Sache erforschen! Sie nahm zwei Buntstifte und drückte die Buntstiftminen so fest gegen das Pult, daß sie abbrachen. Dann beugte sie sich zum Hermann vor.
»Du, Hermann«, sagte sie und zeigte dem Hermann die abgebrochenen Buntstifte, »borg mir bitte deinen Bleistiftspitzer! Ich hab keinen mit! Dabei hab ich zu Hause zehn Spitzer und eine Spitzmaschine.«
Gleich, dachte Anna, wird er sagen, daß er daheim hundert Spitzer und zehn Spitzmaschinen hat!

Der Hermann sagte es nicht.
Er schwieg.
Na, wennschon, dachte Anna. Gibt er zufällig einmal nicht an! Aber seinen Bleistiftspitzer rückt er deswegen noch lange nicht raus, der Geizkragen!
Doch da hatte sich Anna geirrt. Der Hermann holte seinen Bleistiftspitzer aus der Schultasche. Er gab ihn Anna. »Aber spitz nicht ewig«, sagte er. »Sonst wird er nämlich stumpf.«
Anna ging mit den zwei Buntstiften und dem Spitzer zum Papierkorb.
»Na bitte, da siehst du es!« sagte der Zwerg in ihrem Kopf. Ganz von alleine und ohne Gähnen war er diesmal wach geworden.
Das kann eine Ausnahme sein, dachte Anna. Sie spitzte die Buntstifte, ging zum Hermann zurück, legte den Spitzer auf sein Pult und setzte sich auf den freien Stuhl neben dem Hermann. Sie lümmelte sich auf das Pult, so daß ihr linker Ellbogen weit in die »Hälfte« vom Hermann hineinreichte.
Der Hermann schaute ein bißchen unfreundlich, aber er sagte wieder nichts. Nur der Zwerg sagte: »Na bitte, da siehst du es!«
Anna hob das linke Bein und stieß dem Hermann die Schuhspitze in die rechte Wade. »Na, bist jetzt wieder ganz gesund?« fragte sie. Und stieß mit der Schuhspitze noch einmal zu.
Der Hermann sprang auf und rief: »Frau Lehrerin, bitte, Frau Lehrerin!«
Die Frau Lehrerin saß an ihrem Tisch und blätterte in

einem Buch. Sie hob den Kopf. »Was ist denn, Hermann?« fragte sie.
Der Hermann stand mauloffen da. Es war ganz klar: Er wollte sich über Anna beschweren. Aber es gelang ihm nicht.
»Na, Hermann?« fragte die Frau Lehrerin.
»Bitte, Frau Lehrerin, die Anna«, sagte der Hermann.
»Was ist denn mit der Anna?« fragte die Frau Lehrerin.
»Bitte, sie hat«, sagte der Hermann.
»Was hat sie denn?« fragte die Frau Lehrerin.
»Bitte, nichts, Frau Lehrerin«, sagte der Hermann und setzte sich wieder hin.
»Hermann, Hermann«, murmelte die Frau Lehrerin, schüttelte den Kopf und schaute wieder in ihr Buch.
Der Hermann hockte da, noch immer mauloffen, rieb sich mit beiden Händen die getretene Wade und konnte anscheinend nicht begreifen, was da mit ihm geschehen war.
»Na?« fragte der Zwerg sehr stolz. »Wie findest du den Herrn Mann? Bin ich nicht doch ein ganz passabler Umpoler, Verbieger und Leitungsleger!«
Bist du, dachte Anna, auf Ehrenwort!
»Freut mich, daß du es anerkennst«, sagte der Zwerg. »Auch unsereiner wird nämlich hin und wieder gerne gelobt.«
Dann läutete die Glocke die Pause aus, und Anna kehrte auf ihren Platz, zum Peter, zurück.
Der Peter deutete auf den Hermann. »Was war denn das?« fragte er. »Kannst du mir das erklären?«
»Nein, keine Ahnung«, flüsterte Anna und war froh, daß

die Frau Lehrerin in die Hände klatschte und rief: »Jetzt wird nicht mehr getratscht, jetzt wird gearbeitet, meine Herrschaften!«

Man belügt ja schließlich seinen besten Freund nicht gerne. Dem besten Freund will man immer die Wahrheit sagen. Aber wenn die Wahrheit so unglaublich ist, dann ist das auch nicht gut möglich.

Vom nächsten Schultag an brauchte sich der Peter aber ohnehin nicht mehr über den Hermann zu wundern. Der Hermann war wieder eklig wie eh und je! Er drängelte, er raunzte, er gab an, er beschwerte sich bei der Frau Lehrerin über den Michi, weil ihn der Michi in der Garderobe angeblich gestoßen hatte. Und er erzählte in den Pausen, daß er in den Sommerferien nach Alaska fliegen werde, um dort mit seinem Onkel Eisbären zu jagen.

Nur zu Anna war der Hermann nicht eklig. Zu Anna war er freundlich und lieb und nett. Und immer wieder fragte er sie: »Anna, kommst du mich wieder einmal besuchen? Zum Schwarzer-Peter-Spielen? Und eine Torte kriegst du auch wieder, wenn du kommst!«

Und nach dem Unterricht, wenn sich die Kinder in der Garderobe die Straßenschuhe und die Mäntel anzogen, dann fragte der Hermann die Anna immer: »Darf ich dich heimbegleiten?« Doch Anna lehnte das ab. Entweder sagte sie: »Ich gehe nicht heim, ich gehe nämlich zum Peter!« Oder sie sagte: »Ich gehe nicht heim, ich warte an der Straßenecke auf die Mama. Die holt mich mit dem Auto ab. Und der Peter wartet mit mir!«

Eine Zeitlang fiel dem Peter gar nicht auf, daß der Hermann nun so freundlich zu Anna war. Er merkte es erst, als

der Hermann Anna einmal einen wunderschönen Apfel schenkte. Einen, den er vorher an seiner Hose blitzblank poliert hatte.
Dem Peter gefiel es nicht, daß Anna den Apfel vom Hermann nahm. »Von dem Ekel tät ich nichts nehmen, echt nicht!« sagte er zu Anna.
Und als er dann einmal hörte, wie der Hermann Anna zum Schwarzer-Peter-Spielen und Torte-Essen einlud, da sagte er zu Anna: »Aber du gehst doch nicht zu dem Ekel, oder? Weil, wenn du nämlich zu dem gehst, dann bin ich bös auf dich. Du bist meine Freundin! Ich teile dich mit niemandem!«
»Sowieso geh ich nicht zu dem!« sagte Anna.
»Ehrenwort nicht?« fragte der Peter.
»Ehrenwort nicht«, sagte Anna.
»Schwörst du es bei deinem Augenlicht?« fragte der Peter.
»Wozu denn?« Anna fand das ein bißchen übertrieben.
»Weil ich nämlich schrecklich eifersüchtig bin«, sagte der Peter.
»Okay, ich schwöre es bei meinem Augenlicht!« sagte Anna. Sie freute sich, daß der Peter auf sie eifersüchtig war. Eifersucht, dachte sie, ist doch ein Zeichen von großer Liebe.
»Überhaupt nicht!« meldete sich der Zwerg im Kopf. »Eifersucht ist lästig und dumm und sonst nichts. Und hat mit Liebe nicht viel zu tun.«
Anna dachte: Ach, was weißt denn du schon von Liebe!
»Eine Menge«, sagte der Zwerg.

Einen Schmarrn weißt du, dachte Anna. Du bist kein Mann, und du bist keine Frau. Einer wie du hat doch von so etwas keine Ahnung!
Da war der Zwerg beleidigt und gab keine Antwort mehr.

Dreimal die Woche mindestens war Anna nun am Nachmittag beim Peter. Und von Mal zu Mal gefiel es ihr dort besser. Richtig daheim fühlte sie sich! Auch den Vater vom Peter mochte sie sehr gern. Aber den sah sie immer nur für ein halbes Stündchen, bevor sie nach Hause gehen mußte. Der Vater vom Peter war Filialleiter in einer großen Eisenwarenhandlung. Wenn er am Abend von der Arbeit heimkam, legte er sich immer auf das Sofa im Wohnzimmer. Er hatte dicke, blaue Krampfadern an den Beinen. Vom vielen Herumstehen und Herumrennen in der Eisenwarenhandlung. Die Beine taten ihm sehr weh. Trotzdem war er immer gut aufgelegt. »Kinder, Kinder, herkommen!« rief er, wenn er auf dem Sofa lag. »Erzählt eurem alten Vater, was sich in der großen, weiten Welt so tut!«

Und dann setzten sich der Peter und der Paul und die zwei großen Schwestern ans Sofa und erzählten dem Vater, was sie alles erlebt hatten.

Und die Mutter vom Peter brachte das Baby und legte es dem Vater auf den Bauch.

Dem Baby gefiel es dort. Auch wenn es vorher gegreint und gekreischt hatte, auf dem Bauch vom Vater lachte es nur.

»Ist ja kein Wunder«, sagte der Peter-Vater dazu. »Ich habe eben eine liebenswürdige Ausstrahlung.«

Da konnte ihm Anna nur recht geben!

Anna wäre am liebsten jeden Tag nach der Schule mit dem

Papa

Peter heimgegangen. Und die Familie vom Peter hätte nichts dagegen einzuwenden gehabt. Aber Anna konnte das ihrer Mama nicht antun. Die Mama beklagte sich so schon sehr.
»Anna, du hast ja gar keine Zeit mehr für mich«, sagte sie. »Auf deine Nachmittage bin schließlich seit eh und je ich abonniert.«
Nur wenn die Mama am Nachmittag Probe hatte oder mit dem Theater wegfahren mußte, dann war sie froh, daß Anna jetzt beim Peter »Familienanschluß« hatte. Denn nun brauchte sie den teuren Franz-Josef nicht mehr zu bezahlen. Und sie brauchte sich auch nicht mehr Annas Protest anzuhören, wenn sie die Liesl oder eine andere Freundin zur Anna-Betreuung ausgesucht hatte.
Die Mama wollte, daß Anna nur an den Nachmittagen zum Peter ging, wo sie für Anna keine Zeit hatte. Anna lehnte das ab. »Also, das ist mir viel zuwenig«, sagte sie zur Mama. »Da sehe ich den Peter viel zu selten.«
»Und so wie es jetzt ist«, jammerte die Mama, »sehe ich dich viel zu selten!«
»Aber ich habe den Peter doch so lieb«, sagte Anna. »Da reicht der Vormittag einfach nicht.«
»Und mich hast du nicht lieb?« fragte die Mama und schaute ganz traurig drein.
»Red nicht so komisch!« rief Anna. »Das ist doch etwas ganz anderes.«
»Einen Schmarrn ist das etwas anderes!« rief die Mama. »Was hab ich denn von deiner Liebe, wenn du keine Zeit mehr für mich hast?«
Da wußte Anna keine Antwort. Doch gottlob war der

Zwerg gerade munter, und der sagte: »Find ich zum Kotzen, das ist ja die reinste Erpressung!«
Also sagte auch Anna zur Mama: »Du, das find ich zum Kotzen, das ist ja die reinste Erpressung!«
»Wieso?« fragte die Mama.
»So halt«, murmelte Anna, weil sie wieder keine richtige Antwort wußte. Doch der Zwerg im Kopf sagte: »Hätt sie sich nicht scheiden lassen und hätte sie nicht so einen blöden Beruf, könnte sie dich wohl oft genug sehen!«
Also fügte Anna dem »So halt« noch hinzu: »Hättest du dich nicht scheiden lassen und hättest du nicht so einen blöden Beruf, dann könntest du mich wohl oft genug sehen!«
Und da wußte nun die Mama keine Antwort mehr! Und weil sie keinen Zwerg im Kopf hatte, der ihr »einsagte«, konnte sie bloß »Anna, ach, Anna« murmeln und traurige Dackelaugen machen.
Wäre der Zwerg nicht gewesen, hätten Anna die traurigen Dackelaugen garantiert sehr beeindruckt. Mama-traurig war für Anna immer schwer auszuhalten. Anna wollte der Mama schon versprechen, ab nun wieder öfter für sie Zeit zu haben, doch da murmelte der Zwerg: »Man merkt, daß die Frau beim Theater ist. Fall nicht drauf rein! Wenn sie echt will, kann sie dich auch öfter sehen, ohne daß du auf die Peter-Nachmittage verzichtest.«
Also fiel Anna nicht drauf rein und schaute einfach zu Boden, um die traurigen Dackelaugen nicht sehen zu müssen. Und die Mama merkte, daß der Dackelblick heute gar nichts nützte, und sagte schließlich: »Okay, wenn da nichts zu machen ist, werde ich bei deinem Papa eben mehr Wo-

chenenden beantragen, das muß ja auch gehen. Die Peter-Zeit kann nicht nur von meiner Zeit mit dir abgezogen werden, da muß auch dein Papa etwas hergeben von seiner Zeit mit dir.«

»Da hab ich nichts dagegen«, sagte Anna. »Das macht unter euch aus, wie ihr wollt!«

Und der Zwerg sagte: »Na, siehst du, man muß sich nur durchsetzen können, sonst ist man nämlich auf immer und ewig das Tupferl!«

Noch am selben Abend telefonierte dann die Mama mit Annas Papa.

Der Papa stritt mit der Mama ziemlich lange am Telefon herum.

Er wollte nicht einsehen, daß die Mama ab nun mehr Wochenend-Zeit mit Anna beanspruchte. »Ein Wochenende du, ein Wochenende ich«, rief er in den Hörer. »So ist das ausgemacht, und so bleibt es auch. Basta!«

Was die Mama darauf antwortete, konnte Anna natürlich nicht verstehen, aber es war sicher nichts Freundliches, denn der Papa rief: »Ich bitte mir einen anderen Ton aus! Sonst beende ich das Gespräch!« Und: »Jetzt beherrsche dich aber!« Und: »Mit Beleidigungen kommst du bei mir schon gar nicht weiter!«

Doch dann fing der Papa selbst zu schimpfen an. »Du bist und bleibst eine lächerliche Person«, rief er. Und: »So was von hysterischer Frau!« Und: »Kreisch nicht wie eine Motorsäge, mir fallen ja die Ohren ab!«

Anna stand an der Wohnzimmertür und bemühte sich, nicht zu weinen. Aber sehr elend war ihr zumute.

»Der ist um nichts besser als deine Mama«, sagte der

WICHTIG!

Zwerg. »Die beiden sind so stur, daß es nicht mehr normal ist!«
Anna nickte, und der Zwerg gähnte und murmelte: »Ich mache jetzt ein kleines Nickerchen! Dieses unschöne Telefongespräch hat mich mitgenommen! Das will ich gar nicht mehr länger anhören!«
Viel Hilfe bist du mir nicht, dachte Anna.
»Du bist ungerecht.« Der Zwerg gähnte wieder. »Seit ich bei dir wohne, bin ich ohnehin viel, viel öfter wach als früher. So wach wie bei dir hab ich mein Lebtag nie sein brauchen! Mehr schaff ich einfach nicht!« Und schon schnarchte der Kerl wieder.
Anna nieste. Einmal, zweimal, dreimal. Der Zwerg rührte sich nicht. Anna nieste noch dreimal. Der Zwerg greinte: »Ich will schlafen!«
Anna nieste wieder dreimal. Der Zwerg jammerte: »Gib Ruh, sonst geh ich kaputt!«
Anna nieste trotzdem weiter. Ununterbrochen. Unzählige Male. Als ob sie einen Sack Pfeffer in die Nase bekommen hätte. Sie fühlte sich schrecklich trostlos und verzagt. Und wozu hatte sie denn einen Zwerg im Kopf, wenn ihr der nicht in trostlosen, verzagten Stunden beistand?
So ein Egoist, dachte Anna. Schert sich nur um sich selber! Merkt gar nicht, daß er mich jetzt trösten sollte!
Da kreischte der Zwerg: »Trösten bringt doch da überhaupt nichts! Tun mußt du was! Mach dem blöden Telefongespräch endlich ein Ende. Du bist doch kein Pingpongball, den sich die zwei Affen nach Lust und Laune zuschubsen dürfen. Sag ihnen das! Steh nicht da herum und warte auf Trost!«

Anna holte tief Luft und ging zum Papa hin. Sie zupfte den Papa am Pullover. »Du, Papa!« sagte sie.
Der Papa schimpfte in den Telefonhörer hinein und scherte sich nicht um Anna. Da zog Anna heftiger am Pullover vom Papa und schrie: »Du, Papa, so hör doch!«
Der Papa drehte sich nicht einmal zu Anna um. Er schimpfte weiter.
Anna ließ den Pullover los und boxte den Papa mit beiden Fäusten in den Hintern und brüllte: »Aufhören, sofort aufhören! Ich will nicht, daß du mit meiner Mama so blöd streitest!«
Der Papa ließ erschrocken den Hörer sinken und drehte sich zu Anna um.
»Ich bin kein Pingpongball«, brüllte Anna. »Ihr zwei Affen könnt mich nicht nach Lust und Laune herumschubsen!«
Der Zwerg flüsterte: »Sag ihm, daß du am Wochenende zum Peter gehst, wenn sie sich nicht einig werden!«
»Und wenn ihr euch nicht einig werdet«, brüllte Anna, »dann geh ich ab jetzt auch am Wochenende zum Peter!«
Anna riß dem Papa den Telefonhörer aus der Hand und schrie in den Hörer hinein: »Hast du es gehört, Mama?«
»Natürlich, mein Schatz«, sagte die Mama. »War ja wohl laut genug!«
Anna drückte dem Papa den Hörer wieder in die Hand, marschierte in ihr Zimmer und knallte die Tür hinter sich zu.
»Na, hab ich's recht gemacht?« fragte sie den Zwerg.

»Super-prima«, sagte der Zwerg gähnend.
Okay, dachte Anna, dann schlaf jetzt ein. Daß du mir kaputtgehst, will ich nicht.
Der Zwerg gab Anna keine Antwort. Er schnarchte. Anna fand, daß das Schnarchen sehr zufrieden klang.

Kaum zehn Minuten später kam der Papa zu Anna ins Zimmer. »Du, Anna«, sagte er. »Deine Mama und ich, wir hätten dir einen Vorschlag zu machen.«
»Und der wäre?« fragte Anna.
»Damit weder deine Mama noch ich zu kurz kommen«, sagte der Papa, »könnten wir ja auch die Wochenenden zu dritt verbringen. Als Vater-Mutter-Kind. Ist ja dein Lieblingsspiel.«
»Sehr vernünftig«, sagte Anna.
»Okay«, sagte der Papa. »Dann werde ich deiner Mama ausrichten, daß du einverstanden bist.« Der Papa ging ins Vorzimmer, zum Telefon. Anna hörte ihn seufzen. Ganz tief seufzte er. Anna dachte: Was seufzt er denn da so? Es gibt noch was Schlimmeres im Leben, als die Wochenenden mit der Mama zu verbringen! Er wird sich schon daran gewöhnen! Und wenn er sich nicht daran gewöhnt, kann man auch nichts machen.
Daß man in »geschiedenen Familien« Probleme nie zur totalen Zufriedenheit aller lösen kann, das hatte Anna längst kapiert.

Die neue Wochenendlösung gefiel Anna...

Die neue Wochenendlösung gefiel Anna, denn Anna war gern ein »normales« Kind, und ein »normales« Kind hat eben am Wochenende einen Papa und eine Mama und braucht sich nicht zwischen einem Papa-Sonntag und einem Mama-Sonntag zu entscheiden.
Aber die Papa-Mama-Wochenenden hatten noch einen anderen Vorteil. Wenn Anna am Wochenende mit dem Papa und der Mama zusammen war, mußte sie weder den Oskar noch die Karla aushalten.
Die Karla war »eine liebe Freundin« vom Papa. Seit einem Jahr war sie eine liebe Freundin. Vorher war sie nur seine Bürokollegin gewesen. Die Karla kam am Sonntag immer den Papa besuchen und war dann mit von der Partie, wenn Anna und der Papa in den Tiergarten gingen oder einen Ausflug machten oder in ein Restaurant essen gingen. Und wenn Anna und der Papa beschlossen, am Sonntag daheim zu bleiben, dann kam die Karla mit einer ganzen Reisetasche voll Fleisch und Gemüse und Mehl und Butter und Schokolade und kochte in der Papa-Wohnung ein Sonntagsmittagessen mit vier Gängen.
Der Oskar war ein »lieber Freund« der Mama und kam immer zu Besuch, wenn Anna am Sonntag bei der Mama war. Wenn Anna mit der Mama Eis essen ging oder ins Kino oder in den Stadtpark, dann war er dabei.
Der Oskar und die Karla waren sehr freundlich und lieb zu Anna. Anna konnte die beiden trotzdem nicht besonders leiden. Den Oskar konnte sie nicht leiden, seit die Haus-

besorgerin vom Mama-Haus einmal zu ihr gesagt hatte: »Na, Anna, was meinst du? Wär der Herr Oskar nicht ein lieber Papa für dich?«
Die Karla konnte Anna nicht leiden, seit sie der Michi gefragt hatte: »Du, Anna, die Frau, mit der du und dein Papa gestern im Bad wart, wird das deine neue Mama?«
Anna wollte weder einen neuen Papa noch eine neue Mama haben. Normale Kinder haben Papa und Mama nicht doppelt!
Der Peter verstand das nicht. Er sagte: »Warum denn nicht? Wenn diese Karla und dieser Oskar lieb zu dir sind, ist das doch in Ordnung. Wirst du doch doppelt liebgehabt, das schadet ja nicht!«
Der Paul fand zwei Paar Eltern sogar recht gut. »Na, hör einmal«, sagte er. »Das ist doch ein Super-Gewinn! Da kriegst du dann zweimal Taschengeld, zweimal Geburtstagsgeschenke und zweimal Weihnachtsgeschenke!«
Und die großen Schwestern vom Peter sagten: »Und wenn ein Papa und eine Mama böse auf dich sind, hast du noch immer einen Papa und eine Mama, die nett zu dir sind!«
Die Mama vom Peter verstand Anna. Sie sagte zum Peter und zum Paul und zu den großen Schwestern: »Ach, ihr spinnt ja! Ihr habt ja keine Ahnung!«
Und der Papa vom Peter sagte auch: »Anna, nimm diese Deppen nicht ernst. Die wissen ja nichts vom Leben!«
Anna dachte manchmal: Wenn der Peter-Papa meine Mama heiraten würde und die Peter-Mama meinen Papa, da hätte ich nichts dagegen, denn dann wären wir eine

wunderbare, große Familie. Vor dem Einschlafen malte sie sich das manchmal ganz genau aus: In ein großes Haus würden sie dann alle ziehen. In ein Haus mit einem Garten dahinter. Und ein riesengroßes Wohnzimmer hätten sie. In dem würden sie alle am Abend zusammensitzen und viel Spaß haben.
Wenn Anna sich das ausdachte und der Zwerg gerade munter war, lachte er sie deswegen aus. »So eine blöde Idee«, kicherte er.

Mit dem Zwerg hatte Anna jetzt oft ein bißchen Streit. Meistens fing der Streit mit dem Zwerg in der Schule an. Und immer ging der Streit um den Hermann. Der Zwerg war nämlich unheimlich stolz darauf, daß er im Kopf vom »Herrn Mann« erfolgreich herumgebastelt hatte. Dauernd lobte er seine Kopf-Arbeit.
Ich seh aber nicht viel Erfolg, dachte Anna, gerade hat er wieder den Michi bei der Frau Lehrerin vertratscht. Nur weil der Michi während der Stunde vom Butterbrot abgebissen hat!
»Aber zu dir ist er doch lieb«, sagte der Zwerg. »Zu dir ist er kein bißchen mehr grauslich, seit ich in seinem Kopf war!«
Und als der Hermann Anna einmal drei Kirschen schenkte, kam der Zwerg richtig ins Schwärmen. »Ist ja toll!« rief er. »Schenkt er dir glatt Kirschen! Mein Werk! Gratuliere mir!«
Anna fand, wegen drei mickriger Kirschen dem Zwerg zu gratulieren, sei doch etwas zuviel verlangt. Sie dachte: Die

hat mir der Hermann eh nur geschenkt, weil sie wurmig sind! (Was falsch war! Die drei Kirschen waren überhaupt nicht wurmig.)
Der Zwerg keifte: »Pfui, schäm dich! Du bist ein gemeines Stück! Immer machst du den Herrn Mann mies!«
Ich mag ihn halt nicht, dachte Anna. Man muß ja auch nicht jeden mögen.
Damit war der Zwerg nicht einverstanden. »Doch!« behauptete er. »Wenn er dich mag, mußt du ihn auch mögen!«
Und wenn der Hermann die Anna zu sich nach Hause einlud, zum Schwarzer-Peter-Spielen und zum Torte-Essen, wollte der Zwerg auch immer, daß Anna die Einladung annahm. »So tu ihm doch die Freude«, rief er. »Warum besuchst du ihn nicht? Wenn er es doch so gerne hätte! Mußt ja nicht dauernd zum Peter rennen! Ein bißchen Abwechslung könnte uns nicht schaden!«
Ich will aber nicht, dachte Anna.
»Aber ich will«, rief der Zwerg. »Und es kann nicht alles nur nach deinem Kopf gehen, wenn ich darin sitze. Ich wohne schließlich hier zur Miete, und ein Mieter hat auch seine Rechte!«
Weil der Zwerg nicht lockerließ, versprach ihm Anna, den Hermann zu besuchen. Dir zuliebe, dachte sie, tu ich es! Aber nur einmal! Ein einziges Mal! Und nach einer Stunde gehe ich wieder! Verstanden?
»Verstanden!« sagte der Zwerg.
Doch Anna verschob den Besuch beim Hermann von einer Woche auf die andere. Das Problem war nämlich: Der Peter war ja in der Schule immer bei Anna. Nie wich er von

ihrer Seite. Also stand er auch dabei, wenn der Hermann die Anna fragte: »Wann kommst du denn endlich zu mir auf Besuch?«

Da schaute dann der Peter fuchsteufelswild und zischte Anna zu: »Willst du wirklich zu diesem Trottel gehen?«

Vor dem Peter wagte Anna nicht, die Einladung vom Hermann anzunehmen. Wegen dem Hermann wollte sie keinen Streit mit dem Peter haben.

Das mußt du doch einsehen, erklärte Anna dem Zwerg. Wie soll ich denn dem Peter erklären, daß ich den Hermann besuche? Der Peter weiß doch nicht, daß es dich gibt! Also muß er denken, ich mag den Hermann. Und er will nicht, daß ich außer ihm jemanden mag!

Jeden Tag erklärte Anna das dem Zwerg. Aber der Zwerg wollte es nicht einsehen. Und eines Tages dann war er stocksauer und rief: »Diesen Blödsinn habe ich mir nun lange genug angehört. Ich lege mich jetzt schlafen und will erst wieder aufgeweckt werden, wenn du beim Herrn Mann zu Besuch bist. Und ich schwöre es dir: Sollte ich von alleine munter werden, und du bist dann noch immer nicht beim Herrn Mann, dann ziehe ich aus! Dann suche ich mir einen anderen Kopf zum Wohnen! Einen, der mir auch hin und wieder einmal einen klitzekleinen Wunsch erfüllt!«

Da war Anna furchtbar erschrocken. Zwerg, lieber Zwerg, dachte sie, jetzt hast du aber bloß Spaß gemacht!

Der Zwerg gab ihr keine Antwort. Daß er schon eingeschlafen war, glaubte Anna nicht. Dem ist es ernst, dachte Anna. Bitter-bitter-ernst!

In den nächsten Tagen wagte Anna nur ganz wenig zu denken. Um den Zwerg ja nicht aufzuwecken. Und jeden

Nieser, auch den kleinsten, vermied sie. Und schrecklich verwirrt war sie. Keine Lösung für das Problem sah sie! Besuchte sie den Hermann, war der Peter böse auf sie. Besuchte sie den Hermann nicht, kündigte der Zwerg ihr den Kopf auf!

Und wenn der Paul nicht Scharlach bekommen hätte, wäre Anna dieses schwierige Problem sicher überhaupt nicht losgeworden.

Wenn ein Kind Scharlach bekommt, dann müssen nämlich auch seine Geschwister von der Schule wegbleiben, weil Scharlach sehr ansteckend ist. Und die Geschwister könnten ja schon angesteckt sein und in der Schule dann die anderen Kinder anstecken. Also durfte auch der Peter, als der Paul Scharlach bekommen hatte, nicht in die Schule gehen. Obwohl er sich pumperlgesund fühlte. Und Anna durfte ihn auch nicht daheim besuchen. Nur telefonieren durfte sie mit ihm. Für Anna war das schrecklich. Sie war beim Peter daheim schon so richtig zu Hause gewesen! Jetzt mußte sie wieder jeden Nachmittag in der Mama-Wohnung sein und kam sich dort fast wie in der Fremde vor.

Nach einer Woche mit lauter Mama-Nachmittagen und einem Mama-Papa-Wochenende, als Anna am Sonntagabend im Bett lag, fiel ihr plötzlich ein: Eigentlich könnte ich dem Zwerg ja jetzt seinen blöden Wunsch erfüllen! Ich könnte den Hermann besuchen, gleich morgen nachmittag. Da hat die Mama ohnehin wieder einmal Hörspielaufnahme. Und der Franz-Josef hat keine Zeit für mich. Wenn

ich nach der Schule mit dem Hermann heimgehe, erspare ich mir einen Nachmittag mit der blöden Liesl. Und der Peter merkt nichts davon, daß ich beim Hermann bin!
Ganz begeistert war der Hermann, als ihm Anna in der großen Pause sagte: »Du, heute geht es, heute kann ich dich besuchen. Wenn du magst, komme ich gleich nach der Schule mit.«
Den ganzen Weg zum Supermarkt-Haus hin nieste Anna. Dem Hermann gefiel das gar nicht. »Kriegst du einen Schnupfen?« fragte er.
»Könnte leicht sein«, sagte Anna grinsend und nieste weiter drauflos.
»Nies bitte nicht in meine Richtung«, sagte der Hermann. »Sonst krieg ich auch den Schnupfen, ich bin da sehr empfindlich.«
»T-t-t-t-schuldigung«, nieste Anna, dem Hermann direkt ins Gesicht, und der Hermann, der vorher dicht neben Anna gegangen war, sprang einen Schritt zur Seite und marschierte im Abstand von einem Meter zu Anna weiter.
Knapp vor dem Supermarkt-Haus hatte Anna den Zwerg endlich wach geniest.
»Wird langsam auch Zeit, daß du meinen Wunsch erfüllst«, sagte der Zwerg.
Wieso, dachte Anna zum Zwerg, war doch erst gestern, wo du mir mit deinem Auszug gedroht hast! Anna meinte, einem, der keine Ahnung von der Zeit hat, könne man da leicht etwas vorschwindeln. Aber einem, der im Kopf sitzt, kann man eben doch nicht so leicht etwas vorschwindeln!

»Lüg nicht«, sagte der Zwerg.
Wieso weißt du, daß ich lüge, dachte Anna.
»Immer, wenn du lügst«, sagte der Zwerg, »gibt es in deinem Kopf so ein gewisses Geräusch. Klingt wie ein leiser Furz, stinkt aber nicht!«
Blöd, dachte Anna.
»Und außerdem«, sagte der Zwerg, »war ich schon ein paarmal munter. Nur hab ich noch gewartet. Man muß ja nicht jede Drohung gleich wahr machen. Ich wär schrecklich ungern weggezogen. Warum soll ich etwas tun, was ich nicht tun mag?«
Die Treppe hoch ging der Hermann wieder dicht neben Anna. Sie nieste ja nicht mehr.
Vor der Wohnungstür vom Hermann sagte der Zwerg: »Ich hoffe, daß du zum Herrn Mann lieb und freundlich sein wirst! Er liebt dich nämlich. Und es ist schlimm, zu lie-

ben und nicht wiedergeliebt zu werden. Und ich fühle mich in der Angelegenheit verantwortlich. Weil ich diese Liebe zu dir in die Wege geleitet habe!«

Anna kam nicht mehr dazu, den Zwerg zu fragen, was er da – um Himmels willen – in die Wege geleitet hatte, denn der Hermann hatte an der Wohnungstür geklingelt, und die Mutter vom Hermann riß die Tür auf und redete so schnell wie ein Wasserfall. Sie nahm Anna den rosa Ranzen vom Rücken und die Mütze vom Kopf. Sie knöpfte ihr die Jacke auf und zog sie ihr vom Leib und erklärte dabei, wie sehr sie sich freue, Anna wiederzusehen, und daß Anna ab jetzt viel-viel-viel öfter kommen müsse und daß es Schinkenfleckerln zum Mittagessen gebe und ob Anna die möge? Und ob sie hinterher Eis oder Pudding oder beides haben wolle und wie das mit der Hausübung sei, ob die kurz oder

lang sei, und ob Anna sie mit dem Hermann machen wolle oder erst am Abend dann, daheim.
Anna war total eingenebelt von dem Wasserfallgerede und ließ sich ins Wohnzimmer führen und von der Hermann-Mutter zu einem Stuhl schieben. Sie setzte sich auf den Stuhl und dachte: Bei so einer Mutter muß das Kind ja plemplem werden!

Erst beim Schinkenfleckerlessen dann, als die Hermann-Mutter Fleckerl kauen und schlucken mußte und nicht mehr soviel reden konnte, fragte Anna beim Zwerg nach, wie er das gemeint habe, mit der »Liebe« und dem »In die Wege leiten«.
Und während die Hermann-Mutter sowohl Pudding als auch Eis auftischte und der Hermann zusätzlich noch Schlagobers verlangte, erklärte der Zwerg der Anna, wie er das gemeint hatte. Er sagte: »Ist doch klar. Er hat dich geboxt und gezwickt und vertratscht. Und ich bin in ihn hinein, um zu erforschen, warum er das tut. Aber in seinem Hirnwirrwarr, in dem ganzen Geblitze und Gezucke und Geknister, habe ich echt nicht feststellen können, warum er das tut. Um sich in dem Hirn genau auszukennen, müßte man jahrelang drin sitzen. Aber eines ist doch klar: Wenn man jemanden liebt, dann boxt und zwickt und vertratscht man den nicht. Und ist auch nicht geizig zu dem. Und da habe ich dann zwei Stellen in seinem Hirn entdeckt, eine winzige und eine etwas größere…« Der Zwerg schwieg.
So rede doch schon weiter, dachte Anna ungeduldig.
»Und da habe ich mir gedacht, ich probiere es halt«, sagte der Zwerg.
Was hast du probiert? Anna wurde immer ungeduldiger.
»Na, zwischen der winzigen Stelle und der etwas größeren Stelle habe ich eine Leitung gebastelt«, sagte der Zwerg.

»Und rundherum hab ich Plunder weggeräumt und gelokkert, was zu fest gesessen ist, und verbogen, was im Weg war!« Die Stimme vom Zwerg wurde ungeduldig. »Das alles hab ich dir doch schon lang und breit erzählt!«
Anna dachte: Kein Wort von einer winzigen und einer etwas größeren Stelle hat er gesagt!
»Hab ich nicht?« fragte der Zwerg scheinheilig. »Na ja, dann hab ich es halt vergessen.«
Jetzt erklär mir die zwei Stellen endlich, dachte Anna.
»Also, das ist doch wohl klar«, sagte der Zwerg. »Die winzige Stelle war die, wo er ANNA gespeichert hat, und die etwas größere Stelle war die, wo er LIEBE gespeichert hat!«
Ich flipp aus, dachte Anna.
»Und deshalb mußt du ihn eben auch liebhaben«, sagte der Zwerg. »Es wäre ungerecht, daß ich ihm eine Liebe zusammenbastle, und er kriegt keine zurück. Das wäre unglückliche Liebe, und unglückliche Liebe ist ein Schaden. Und es ist mir streng verboten, in einem Kopf Schaden anzurichten!«
Anna dachte: Da hättest du mich vorher fragen sollen, ob ich damit einverstanden bin.
»Wie denn?« rief der Zwerg. »Das ist mir doch erst eingefallen, als ich schon im Kopf vom Herrn Mann drinnen war. Hätt ich vielleicht wieder raus und zu dir rein und wieder raus und zu ihm rein sollen? Ich bin kein Langstreckenläufer. Und daß mir frische Luft nicht bekommt, weißt du doch! Ich hab schon eine mittlere Sauerstoffvergiftung, wenn ich bloß aus deinem Ohr rausschaue!«
Aber du kannst mich doch nicht einfach zur Liebe zwin-

gen, dachte Anna. Und plötzlich durchzuckte sie ein schrecklicher Gedanke: Konnte der Zwerg das wirklich nicht? Wer sollte ihn denn daran hindern, auch in ihrem Kopf herumzubasteln und vielleicht gar die Leitung zwischen »Peter« und »Liebe« durchzuknipsen und zu »Herrn Mann« umzuleiten?
»Ehrenwort, das mache ich nicht!« rief der Zwerg empört. »Das geht überhaupt nicht. Weil du weißt, daß ich in dir bin. Nur in Köpfen, die nichts von mir wissen, kann ich herumpfuschen!«
Anna war sich trotzdem nicht sicher, ob der Zwerg die reine Wahrheit sagte.
»Find ich aber echt schäbig von dir«, rief der Zwerg, »daß du kein Vertrauen zu mir hast!«
Warum sollte ich eigentlich, dachte Anna. Denn eines ist doch gewiß: Du weißt immer, was ich denke, aber ich weiß nie, was du denkst! Ich weiß nicht einmal genau, wann du schläfst und wann du wach bist. Sogar dein Schnarchen könnte der reinste Betrug sein. Schnarchen kann man auch, wenn man munter ist!
Da war der Zwerg beleidigt! Schwer beleidigt! »Kein Wort mehr rede ich mit dir«, sagte er. »Kein einziges Wort!«
Weil du nicht die Wahrheit hören willst, dachte Anna. Weil ich nämlich recht habe und du das nicht zugeben willst!
Da sagte der Zwerg dann doch noch etwas. Er sagte mit bitterböser Stimme: »Was kann denn ich dafür, daß du zu blöd bist, um meine Gedanken zu verstehen? Bin ich vielleicht schuld daran, daß du so ein läppischer Knallkopf bist?«
Und da war auch Anna beleidigt. Schwer beleidigt. Kein

einziges Wort mehr rede ich mit dir, dachte sie. Nie im Leben mehr! Von mir aus kannst du ausziehen und dorthin gehen, wo der Pfeffer wächst!
Richtig speiübel war Anna nach dem Pudding-Eis-Schlagobers-Mampfen. Ob sie sich einfach »überfressen« hatte oder ob ihr vom Streit mit dem Zwerg übel geworden war, wußte sie nicht. Am liebsten wäre sie heimgegangen. In die Papa-Wohnung. Ganz allein zu sein, niemanden sehen zu müssen, wäre ihr im Moment am liebsten gewesen. Aber erstens hatte es der Papa nicht gern, wenn Anna allein daheim war. Zum Allein-daheim-Sein, sagte er immer, sei Anna noch zu klein. Und zweitens befürchtete Anna eine Wasserfallansprache der Hermann-Mutter, wenn die merkte, daß Anna nicht länger bei »ihrem Burli« bleiben wollte. Also ging Anna mit dem Hermann ins Kinderzimmer. Sie spielten ein bißchen mit der Autorennbahn. *Schwarzer Peter* spielten sie auch. Der Hermann spielte manierlich. Wenn er nur noch zwei Karten in der Hand hielt und Anna nach der griff, die nicht der Schwarze Peter war, schaute er zwar sauer, doch so blöd, die Karte festzuhalten und »die geb ich nicht her« zu kreischen, war er nicht mehr.
Anna versuchte den ganzen Nachmittag, dem Zwerg und sich selbst zu beweisen, daß es im Kopf vom Hermann gar keine funktionierende Leitung zwischen ANNA und LIEBE gab. Sie war gemein zum Hermann. Sie stänkerte, wo sie nur konnte. Sie fragte: »Wo sind denn die Bernhardinerhunde, von denen du erzählt hast? Und wo ist denn euer Haus mit den zehn Zimmern? Habt ihr das vielleicht im Keller unten?« Und sie schaute die Autorennbahn an und

sagte grinsend: »Da fehlen aber heute gute fünfundsechzig Meter, wo sind denn die hingekommen?«
Der Hermann wurde knallrot im Gesicht und schaute zu Boden. Das ärgerte Anna. Sie wollte ja, daß der Hermann böse wurde, zwickte, boxte, spuckte, trat und zu seiner Mutter lief, um sich über Anna zu beschweren.
Dann hätte der Zwerg einsehen müssen, daß der Hermann die Anna gar nicht liebhatte. Und hätte auch nicht mehr verlangen können, daß Anna den Hermann liebhaben müsse. Und der ganze dumme Streit hätte ein Ende gehabt!
Doch der Hermann tat Anna den Gefallen nicht. Ganz im Gegenteil. Er schenkte Anna sogar das Matchbox-Auto, das er erst vor ein paar Tagen von seinem Onkel bekommen hatte. Und einen Kugelschreiber, der fliederfarben schreiben konnte, schenkte er ihr auch. Nicht einmal, als ihm Anna auf die Zehen trat, muckte er viel auf. Er schrie bloß: »Auweh!« Doch das, mußte Anna zugeben, hätte gewiß auch jedes andere Kind getan. Sogar der Peter!
Knapp bevor Anna heimging, sagte der Hermann zu ihr: »Du, ich würde so gern wieder neben dir sitzen. Und ich benehme mich auch garantiert nimmer so blöd wie früher!«

Total grantig und mieselsüchtig kam Anna daheim an. Und der Papa machte sie noch grantiger und noch mieselsüchtiger. Unbedingt wollte er wissen, warum denn Anna am Nachmittag beim Hermann gewesen sei. Ob sie ihn am Ende gar nicht mehr für blöd halte? Ob sie jetzt vielleicht

NEIN

mit ihm Freundschaft geschlossen habe? Und was denn da der Peter dazu sagen würde? Wo ihm Anna doch erzählt habe, daß der Peter ein eifersüchtiger Knabe sei?
Der Papa merkte einfach nicht, daß Anna über den Hermann nicht reden wollte. Und als Anna ihm das sagte, hielt er noch immer nicht den Mund. Da wollte er dann wissen, warum sie denn nicht über den Hermann reden wolle.
»Ich merke doch«, sagte er, »daß mein gutes Kind ein Problem hat! Über Probleme soll man reden! Mieselsüchtig schweigen und grantig dreinschauen bringt da gar nichts!«
»Sei nicht so aufdringlich«, rief Anna.
»Du willst auch immer alles von mir wissen«, rief der Papa.
»Und du sagst mir auch nicht alles!« rief Anna.
»Nur dann, wenn du es sowieso nicht verstehen würdest!« rief der Papa.
»Und bei mir gibt's auch Sachen, von denen du sowieso nichts verstehst!« rief Anna.
»Vielleicht versteh ich es aber doch«, sagte der Papa. »Denn da ist ja ein Unterschied zwischen uns. Du warst noch nie erwachsen. Darum verstehst du vom Erwachsensein nicht alles. Aber ich war einmal ein Kind. Darum müßte ich alles vom Kindersein verstehen!«
»Na schön«, sagte Anna und überlegte, wie sie dem Papa ihr Problem erklären könne, ohne den Zwerg zu erwähnen.
»Also, seit neuestem liebt mich der Hermann«, begann Anna.
»Aha«, sagte der Papa. Das schien er zu verstehen.

»Aber ich liebe ihn natürlich nicht«, fuhr Anna fort.
»Logo!« sagte der Papa. Das schien er auch zu verstehen.
»Und da gibt es jemanden«, Anna seufzte tief, »der behauptet, es wäre meine Pflicht, den Hermann zu lieben, und wenn ich das nicht tue, dann will der kein Wort mehr mit mir reden!«
»So ein Depp!« sagte der Papa.
»Sowieso!« sagte Anna.
»Also, ich meine«, sagte der Papa, »wenn ein Depp nicht mehr mit dir reden will, dann ist das ja kein gar so gewaltiger Schaden!«
Anna hatte den Verdacht, der Zwerg könnte munter sein. Und zu Kreuze kriechen wollte sie vor dem Kerl nicht! Also sagte sie: »Da hast du recht! Der Depp soll sich brausen!«
Anna tat, als ginge es ihr nun wieder gut. Sie half dem Papa beim Nachtmahlkochen. Dill-Erdäpfel machte er. Anna schälte die Erdäpfel und schnitt den Dill klein. Den Küchentisch deckte sie auch. Aber viel Lust zu essen hatte sie nicht. Nur drei Bissen würgte sie hinunter.
»Weil ich zu Mittag beim Hermann soviel gegessen habe«, schwindelte sie dem Papa vor.
Dann ging Anna in ihr Zimmer und legte sich aufs Bett. Und weil es mucksmäuschenstill im Zimmer war, hörte sie den Zwerg im Kopf leise schnarchen.
Gemeiner Sack, der, dachte Anna. Nur ein roher, gefühlloser Kerl kann nach so einem Riesenstreit einfach einschlafen! Wie es mir geht, ist dem blöden Runzelzwerg egal. Der macht sich um den Hermann mehr Sorgen als um

mich! Soll er wirklich ausziehen! Soll er in den Hornochsenschädel vom Hermann umziehen!

Mitten in der Nacht wurde Anna munter. Das war ihr noch nie passiert. Sonst schlief sie wie ein Murmeltier im Winter. Anna lag im Stockfinsteren, drehte sich vom Rücken auf den Bauch, vom Bauch auf den Rücken und dann wieder auf den Bauch. Sie hörte die Kirchturmglocke Mitternacht schlagen, sie hörte einen Betrunkenen unten auf der Straße singen und ein Auto mit quietschenden Reifen um die Ecke fahren. Den Zwerg hörte sie nicht schnarchen. Sie dachte: Ich glaube, der Zwerg hat mich aufgeweckt.
»Stimmt«, sagte der Zwerg. »Weil ich nicht länger mit dir böse sein mag. Ich halte das nicht aus!«
Ich auch nicht, dachte Anna.
»Und da gibt es nur eine Lösung.« Der Zwerg seufzte. »Ich muß noch einmal in den Kopf vom Herrn Mann hinein und die Leitung, die ich gebastelt habe, zerstören!«
Das wäre die Lösung, dachte Anna.
»Sowieso.« Der Zwerg seufzte wieder. »Ich bringe das gleich morgen hinter mich. Aber das ist dann echt das letzte Mal, daß ich an die frische Luft gehe!«
Du bist ein Super-Zwerg, dachte Anna.
Dann gähnten Anna und der Zwerg im Duett dreimal dreimal und waren beim neunten Gähnen eingeschlafen.

So einfach, wie der Zwerg gedacht hatte...

So einfach, wie der Zwerg gedacht hatte, war das mit der Reparatur im Kopf vom Hermann doch nicht. Am ersten Tag, an dem der Zwerg in den Hermann einsteigen wollte, kam der Hermann mit Watte in den Ohren in die Schule.

»Die Watte hab ich drin«, erzählte er Anna, »weil so ein Wind heute geht. Sonst krieg ich wieder Ohrenweh.«

»Aber in der Klasse weht kein Wind«, sagte Anna, faßte den Hermann an einem Ohr und wollte die Watte herausziehen.

»Laß das!« rief der Hermann. Und der Zwerg rief auch: »Laß das!« Er meinte, das habe keinen Sinn. »Wenn er sich neue Watte reinstopft, während ich in seinem Kopf bin, bin ich eingesperrt! Verschieben wir die Sache lieber auf den nächsten windstillen Tag!«

Der nächste windstille Tag war erst drei Tage später, und der Hermann erschien ohne Wattestoppeln in den Ohren. Doch an diesem Tag kam auch die Alma zum ersten Mal wieder in die Schule und saß nun neben dem Hermann. Die Alma war so lange in Tirol gewesen, daß sie sich gar nicht mehr erinnern konnte, welch komischer Kerl der Hermann war. Sie beklagte sich nicht über ihren neuen Sitzplatz. Sie war auch nicht beleidigt, als ihr der Hermann einen Ellbogen in die Rippen rammte, weil sie einen ihrer Buntstifte auf »seine Hälfte« gelegt hatte. Sie trat dem Hermann bloß kräftig auf die Zehen und sagte: »Warzenschwein du, benimm dich!«

Und in der Pause nahm sie dem Hermann das Wurstbrot aus der Hand und biß dreimal tüchtig ab, ohne sich um das Gezeter vom Hermann zu scheren. Lachend und mampfend sagte sie: »Reg dich ab, Alter, bist ja nicht am Verhungern!« Und als die Susi dann erzählte, daß sie jede Woche fünf Schilling Taschengeld bekomme, und der Hermann prahlte, daß er pro Woche hundert Schilling Taschengeld bekomme, da streckte die Alma dem Hermann eine Hand hin und sagte: »Wennst soviel Geld hast, dann rück mir einen Fünfziger raus, ich krieg nämlich gar kein Taschengeld!«

Anna dachte: Die Alma hat genau die richtige Art, mit dem Hermann umzugehen!

»Find ich auch«, sagte der Zwerg. »Drum werd ich die Leitung im Kopf vom Herrn Mann nicht einfach abzwakken, sondern von ANNA zu ALMA verlegen!«

Anna kicherte. Eine große Liebe zur Alma gönnte sie dem Hermann-Ekel wirklich.

»Aber da müssen wir noch ein paar Tage warten«, sagte der Zwerg. »In seinem Hirn muß sich ALMA erst so richtig einspeichern!«

Am nächsten Montag hielt der Zwerg die Zeit für gekommen. Doch in der ersten Schulstunde konnte er sich nicht an die Arbeit machen, denn da war Turnen, und während der Hermann im Turnsaal herumhüpfte, war schlecht Leitungen verlegen. »Du hast ja keine Ahnung«, sagte er, »wie hauchzart diese Dinger sind. Da genügt schon die kleinste Erschütterung, und alles geht schief!«

In der großen Pause dann bemühte sich Anna wirklich, so dicht an den Hermann heranzukommen, daß der Zwerg umsteigen konnte. Doch der Hermann hatte mit der Alma Streit angefangen, und die Alma hatte dem Hermann eine Ohrfeige gegeben, und nun rauften die beiden herum und stellten das Gerangel erst ein, als die Glocke die Pause ausläutete. Und die folgenden Pausen dauerten nur fünf Minuten. Fünf Minuten reichten dem Zwerg zur Arbeit nicht.

Zwei Wochen lang versuchten Anna und der Zwerg den Kopf-Wechsel. Irgend etwas kam jeden Tag dazwischen! Einmal saß der Zwerg schon in Annas Ohrmuschel parat, und dann lief der Hermann aufs Klo. Einmal hockte der Zwerg sogar schon sprungbereit auf Annas Schulter, doch dann drängte sich die Susi zwischen Anna und den Hermann und erzählte Anna, daß ihre Mama wieder ein Baby bekomme und daß sie das gar nicht freue.

Der einzige Erfolg all dieser Umsteigversuche war, daß nun alle Kinder in der Klasse glaubten, Anna sei die Freundin vom Hermann. Weil Anna ja dauernd in der Nähe vom Hermann war.

»In der Schule wird das nichts«, sagte der Zwerg schließlich. »Du mußt ihn daheim besuchen!«

Anna gab dem Zwerg recht und sagte zum Hermann: »Wenn du magst, komme ich morgen nachmittag zu dir!«

»Das ist super!« Der Hermann freute sich die Ohren rot. Und die Alma rief: »Ich komme auch zu dir, Hermann!«

»Dich hab ich gar nicht eingeladen«, sagte der Hermann.

»Ich komm auch ohne Einladung«, sagte die Alma großzügig.

Der Nachmittag beim Hermann, zusammen mit der Alma, wurde ganz lustig. Der Hermann war zwar nicht sehr freundlich zur Alma, doch die Alma nahm ihm das nicht übel. Sie schimpfte bloß: »Altes Stinktier, gib Ruh«, wenn er sich blöd benahm.

Aber aus dem Kopf-Wechsel vom Zwerg wurde wieder nichts. Diesmal war der Zwerg schuld. »Ich fühl mich nicht«, gähnte er. »Ist ja auch kein Wunder. Seit ewig bin ich schon munter. Ich bin überstrapaziert. Wenn ich jetzt rausgeh, haut mich die frische Luft um!« Dann gähnte er und schlief ein. Anna versuchte gar nicht, ihn wach zu niesen. Daß ein mühselig wach geniester Zwerg zu rein gar nichts zu gebrauchen war, wußte sie ja bereits.

Am letzten Schultag dieser Woche wurde der Zwerg von selbst munter. »Ich hab mir eine tolle Idee zusammengeträumt«, sagte er. »Geh mit dem Herrn Mann ins Kino. Da sitzt er zwei Stunden neben dir im Dunkeln. Da kann ich mich in aller Ruhe mit seinen Leitungen beschäftigen!«

Also lud Anna den Hermann ins Kino ein. Für Samstagnachmittag. Die Alma hörte das und rief: »Fein! Da komm ich mit!«

»Du bist nicht eingeladen«, raunzte der Hermann.

»Komm nur mit«, sagte Anna. »Zu dritt macht es ohnehin viel mehr Spaß!«

Die Mama und der Papa waren ziemlich erstaunt, daß Anna für das Vater-Mutter-Kind-Wochenende einen Samstagnachmittag-Kinobesuch, gemeinsam mit dem Hermann und der Alma, eingeplant hatte.
»Wieso mit dem Ekel?« fragte die Mama. Und der Papa murmelte: »Ich hab gedacht, dieses Problem sei erledigt!«
Da der Papa aber bloß gemurmelt und nicht richtig gefragt hatte, fühlte sich Anna zu keiner Antwort verpflichtet.
Dick und Doof in der Fremdenlegion hatte Anna aus dem Kinoprogramm in der Zeitung ausgesucht.
Mit dem Auto vom Papa fuhren die Mama und der Papa und Anna zuerst zum Haus von der Alma und holten die Alma ab. Dann fuhren sie zum Supermarkt-Haus. Dort wartete schon der Hermann beim Haustor. Besorgt schaute Anna dem Hermann entgegen. Weil nämlich ein bißchen Wind wehte. Aber der Hermann hatte gottlob keine Watte in den Ohren!
Der Papa und die Mama hatten keine Lust auf *Dick und Doof*. Sie kauften an der Kinokasse drei Karten und drückten sie Anna in die Hand. »Wir setzen uns ins Kaffeehaus nebenan«, sagte der Papa.
»Wenn das Kino aus ist, holt uns ab«, sagte die Mama.

Im Kino setzte sich der Hermann zwischen Anna und Alma. Gleich als das Licht erlosch, sagte der Zwerg: »Ich geh es an. Halt mir die Daumen!«
Und was tu ich, wenn er wieder stöhnt und jammert? dachte Anna.

»Dann lach laut los«, sagte der Zwerg. »Du sitzt ja in einem Kino, wo ein Lustspiel gespielt wird. Du mußt lauter lachen, als der Herr Mann jammert und stöhnt!«
Anna spürte ein sanftes Kitzeln im Ohr. Sie lehnte sich an den Hermann und sagte leise: »Darf ich mich an dich lehnen? Da sehe ich nämlich besser.«
»Ja, ja, lehn dich nur an«, sagte der Hermann.
Vorne, auf der Filmleinwand, stritten Dick und Doof. Die Leute lachten. Anna schielte zur Schulter vom Hermann. Sehen konnte sie den Zwerg nicht. Dazu war es zu dunkel. Aber der Hermann stöhnte nicht und jammerte nicht. Er schaute zur Filmleinwand hin und kicherte.
Anna war sehr erleichtert. Gutgegangen-nichts-geschehen, dachte sie. Doch kaum hatte sie das gedacht, spürte sie schon wieder das sanfte Kitzeln im Ohr, und gleich darauf kreischte der Zwerg: »Verdammt und zugenäht! So eine bodenlose Sauerei!«
Was ist denn? dachte Anna erschrocken.
»Er hat die Ohren voll Ohrentropfen«, stöhnte der Zwerg. »Voll öliger Ohrentropfen. Fast wär ich reingeglitscht und im Öl ersoffen.« Der Zwerg schnaufte. »Da hätt mein letztes Stündlein aber geschlagen gehabt!«
Der Zwerg schüttelte sich vor Abscheu so heftig, daß Anna richtiges Kopfstechen davon bekam.
Hör auf, dachte sie, das ist ja nicht zum Aushalten!
»Entschuldigung«, sagte der Zwerg und hielt still. Aber er seufzte erbärmlich.
Mach nicht so ein Theater, dachte Anna, irgendwann einmal wird der Hermann doch keine Tropfen mehr in den Ohren haben! Und dann kannst du die Leitung abzwak-

ken. Ein paar Tage wird der Kerl ja wohl ungeliebt weiterleben können!
»Du verstehst überhaupt nichts!« rief der Zwerg. »Du bist echt blöd! Wirklich!« Dann sagte er nichts mehr. Ob er schlief, ob er beleidigt war oder ob er sich bloß Dick und Doof anschaute, wußte Anna nicht.
Nach dem Kino holten Anna, die Alma und der Hermann den Papa und die Mama vom Kaffeehaus ab.
Auf der Heimfahrt, als sie den Hermann und die Alma schon abgeliefert hatten, sagte die Mama: »Also, gar so ein Ekel scheint mir der Hermann nicht zu sein!« Und der Papa sagte: »Wirkt ganz manierlich, der Knabe! Auf alle Fälle ist er hübsch!«
Knapp vor sechs Uhr kamen der Papa, die Mama und Anna in die Papa-Wohnung. Der Papa und die Mama gingen ins Wohnzimmer. Die Mama hatte einen Packen Zettel mitgebracht. Sie mußte ihre Steuererklärung machen und kannte sich dabei nicht aus. Der Papa hatte versprochen, ihr zu helfen.
Anna setzte sich ins Vorzimmer ans Telefon. Jeden Tag, Punkt sechs Uhr am Abend, telefonierte sie mit dem Peter. Einen Tag rief sie beim Peter an, einen Tag rief der Peter bei Anna an. Heute war der Peter an der Reihe.
Es wurde fünf Minuten nach sechs, es wurde zehn Minuten nach sechs, doch das Telefon klingelte nicht. Also rief Anna beim Peter an. Die eine große Schwester kam ans Telefon. »Du, der Peter will nicht mit dir reden«, sagte sie.
Anna war so erschrocken, daß sie gar nicht fragen konnte, warum der Peter nicht mit ihr reden wollte. Doch die große

Schwester erzählte es ihr auch so. »Der Michi hat ihn heute angerufen«, sagte sie. »Und der hat behauptet, daß du jetzt die Freundin vom Hermann bist. Und daß du heute mit dem Hermann ins Kino gegangen bist. Wir haben ihm eh alle gesagt, daß das ein Blödsinn ist!« Die große Schwester schwieg. Anscheinend wartete sie auf eine Erklärung von Anna. Weil keine kam, fragte sie: »Oder ist es doch so?«

Anna sagte mit Zitterstimme: »Es ist schon so, aber es ist ganz anders.«

Da seufzte die große Schwester und sagte: »Na ja, das müßt ihr wohl untereinander ausmachen.«

»Wie denn?« Jetzt schluchzte Anna. »Wenn er doch mit mir nicht reden will!«

»Am Montag kommt er wieder in die Schule«, sagte die große Schwester. »Die Ansteckungsgefahr ist vorbei. Wenn er wieder neben dir sitzt, wird er dir ja wohl zuhören müssen!« Und dann sagte sie noch: »Anna, heul nicht wegen dem eifersüchtigen Deppen!«

Anna legte den Telefonhörer auf und heulte los. Sie schluchzte so laut, daß es der Papa und die Mama bis ins Wohnzimmer hinein hörten. Sie kamen ins Vorzimmer gelaufen und fragten, was denn – um Himmels willen – los sei. Aber mehr als »ich bin so unglücklich, so schrecklich un-un-unglücklich« bekamen sie nicht zu hören.

Recht verwirrt war Anna…

Recht verwirrt war Anna, als sie am Sonntagmorgen munter wurde. Der Polsterstuhl, aus dem man ein Notbett machen konnte, stand aufgeklappt neben ihrem Bett. Auf ihm lag die Mama und schlief. Sie hatte einen Pyjama vom Papa an und war mit dem karierten Plaid zugedeckt. Seit die Mama nach der Scheidung weggezogen war, hatte sie nie mehr in der Papa-Wohnung übernachtet.

»Wegen dir schläft sie da«, sagte der Zwerg. Er gähnte nicht. Also mußte er schon längere Zeit munter sein.

Wieso wegen mir? dachte Anna.

»Na, weil du dich so aufgeführt hast«, sagte der Zwerg.

Anna versuchte, sich an den gestrigen Abend zu erinnern. Da war das schreckliche Telefongespräch mit der Peter-Schwester gewesen, dann hatte sie geweint, und die Mama und der Papa hatten sie zu trösten versucht.

Und dann?

»Geweint ist wohl untertrieben«, sagte der Zwerg. »Du hast geheult wie ein Rudel hungriger Wölfe, und das Schluchzen hat dich gebeutelt, als hättest du einen Preßlufthammer geschluckt, und mindestens drei Krügel Tränen sind über deine Wangen gerollt!«

Na und, dachte Anna, bei Liebeskummer ist das eben so!

»Sogar im Schlaf noch«, sagte der Zwerg, »hast du gezittert und geschluchzt. Und da hat deine Mama gemeint, sie müsse dich in der Nacht bewachen!«

Das ist lieb von der Mama, dachte Anna.

»Ja, ja«, sagte der Zwerg. »Um mancher Leute Kummer wird sich eben gekümmert!«
So soll es ja auch sein, dachte Anna.
»Aber um meinen Kummer schert sich kein Schwein!« sagte der Zwerg. »Und mir geht es wohl noch viel mieser als dir!«
Jetzt übertreibt er wieder einmal, dachte Anna.
»Ich übertreib nicht«, rief der Zwerg. »Ich bin in der Klemme wie noch nie!«
Wieso? fragte Anna.
»Muß ich dir das hundertmal erklären?« zeterte der Zwerg. »Weil es für mich oberstes Gebot ist, in Köpfen keinen Schaden anzurichten. Und ich habe dem Hermann die Liebe zu dir eingeleitet. Und du liebst ihn nicht zurück. Also ist das ein Schaden für ihn. Und wegen dem blöden Ohrenöl kann ich den Schaden nicht beheben!«
Na ja, dachte Anna, das stimmt. Aber so schlimm ist das ja nun auch wieder nicht!
»Mir geht es an den Kragen!« kreischte der Zwerg. »Ich habe Mist gebaut, und wenn unsereiner Mist baut, dann trocknet er ein und schrumpft und wird zu einer harten Winzigkeit, die höchstens für einen Lauskopf taugt!«
»Nein!« Anna war so entsetzt, daß sie es laut rief. Davon wurde die Mama munter. Sie richtete sich auf und schaute zu Anna. Doch Anna tat, als schliefe sie noch, und drehte sich zur Wand. Jetzt hatte sie für die Mama keine Zeit! Jetzt war der Zwerg wichtiger!
Die Mama stieg vom Polstersessel-Bett und ging auf Zehenspitzen aus dem Zimmer. Anna starrte auf die Streifentapete an der Wand hinter dem Bett. Sie dachte:

Der Zwerg schrumpft, der Zwerg trocknet ein, der Zwerg muß in einen Lauskopf! Das darf nicht sein, da muß man etwas unternehmen dagegen!
»Und was?« Die Stimme vom Zwerg klang hoffnungslos.
Dann muß ich eben den Hermann lieben, dachte Anna. Für den Zwerg tu ich alles.
»Du bist eine Heldin«, sagte der Zwerg. Er schniefte. Anscheinend zog er Tränenrotz durch die Nase hoch.
Ich tu ja nur, was notwendig ist, dachte Anna. Aber ein bißchen kam sie sich schon wie eine Heldin vor. Und damit sie nicht, vor lauter Rührung über sich selbst, auch noch zu schniefen anfing, sprang sie aus dem Bett.
Im Vorzimmer traf Anna den Papa. »Guten Morgen, mein Schatz«, sagte der Papa und schaute Anna mit einem richtigen Röntgenblick an.
»Guten Morgen«, murmelte Anna und lief in die Küche. Dort war die Mama. Sie sagte: »Guten Morgen, mein Schatz« und hatte auch einen richtigen Röntgenblick.
Anna dachte: Gleich wird sie mir, wegen gestern abend, Löcher in den Bauch fragen!
Aber die Mama fragte bloß, ob Anna Kakao oder Kaffee wolle. »Kakao«, sagte Anna und setzte sich an den Küchentisch. Dann kam der Papa und setzte sich zu Anna. Die Mama schenkte ihm Kaffee ein. Anna bekam ihren Kakao und knusprigen Toast. Sie trank Kakao und knabberte Toast. Die Röntgenblicke vom Papa und von der Mama waren ihr lästig. Sie dachte: Die schauen mich an, als hätte ich über Nacht ein grünes und ein rosa Auge bekommen!

»Sie halten dich bloß für meschugge«, sagte der Zwerg.
Anna schaute den Papa und die Mama an und rief: »Ich bin aber nicht meschugge!«
»Hat doch niemand behauptet«, sagte der Papa mit ganz sanfter Stimme.
»Nur bitte, wenn du stundenlang weinst«, sagte die Mama mit noch sanfterer Stimme.
»Und uns nicht sagst, warum du das tust«, fuhr der Papa fort.
»Dann macht man sich halt Sorgen«, beendete die Mama den Satz.
Und der Zwerg sagte: »Okay, sag ihnen, was los ist. Für meschugge halten sie dich eh schon. Schlimmer kann es also nicht werden!«
Anna nickte, dann sagte sie zum Papa und zur Mama: »Also, ich habe einen Zwerg im Kopf!«
Der Papa, der gerade einen Schluck Kaffee trinken wollte, verschluckte sich, hustete und spuckte Kaffee. Hustend und spuckend rief er: »Jetzt fang doch nicht schon wieder mit dem Blödsinn an!«
Anna ignorierte den Einwand vom Papa. »Und mein Zwerg«, sagte sie, »war beim Hermann im Kopf und hat eine Leitung zwischen mir und der Liebe gelegt. Und wenn ich den Hermann nicht liebe, muß der Zwerg in einen Lauskopf. Aber wenn ich den Hermann liebe, wird der Peter nie mehr gut mit mir!«
Der Papa ließ die Kaffeetasse fallen. Sie zerbrach auf dem Tisch zu drei großen Scherben. Dunkelbraune Brühe floß über den Tisch und tropfte der Mama die Pyjamahosenbeine naß.

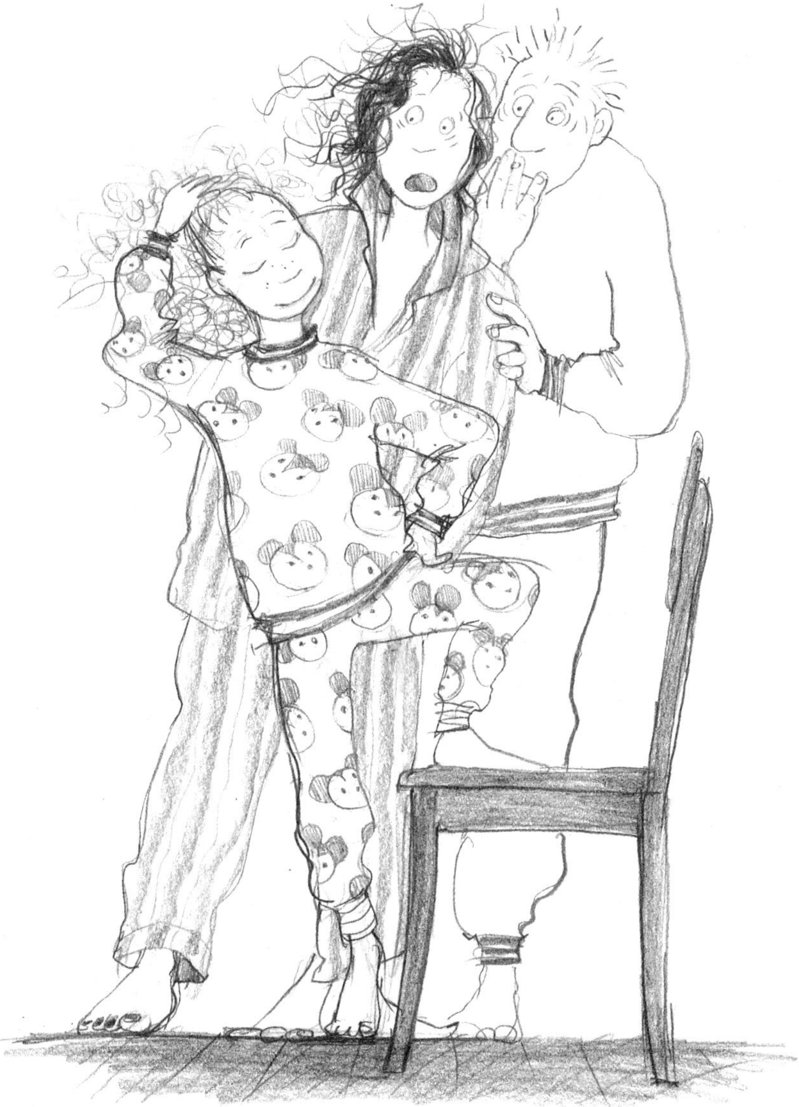

»Und nun möchte ich wissen«, sagte Anna, »wie wenig man lieben darf, damit es gerade noch Liebe ist!«
Anna wartete auf Antwort. Doch der Papa hustete und spuckte bloß weiter, und die Mama wischte braune Brühe von ihren Beinen.
»Die glauben dir natürlich nicht«, sagte der Zwerg. Er seufzte. »Werde ich wohl Beweismittel spielen müssen. Ich tauche im linken Ohr auf!«
Anna ging zum Küchenfenster.
Sie stellte sich dort so auf, daß die helle Morgensonne prall auf ihr linkes Ohr fiel.
»Kommt her«, sagte sie. »Schaut euch den Zwerg doch an!«
Der Papa hörte zu husten und zu spucken auf und kam mit der Mama zum Fenster. Sie beugten sich zu Annas Ohr. Daß sie an den Zwerg nicht glaubten, war ihnen anzusehen.
Na los, mach schon, Zwerg, dachte Anna.
Sie spürte das gewisse Ohrkitzeln.
Die Mama flüsterte: »Was ist denn das?«
Der Papa flüsterte: »Großer Gott, da kommt ja etwas Violettes heraus!«
»Das ist seine Zipfelmütze«, sagte Anna.
Dann spürte sie das Piken in der Ohrmuschel. Das kam von den kleinen Zwergenfingern, die sich in der Haut festkrallten.
»Echt! Ein Zwerg!« flüsterte die Mama.
»Ich dreh durch!« flüsterte der Papa.
Der Zwerg nahm die Zipfelmütze vom Kopf und brüllte, so laut er konnte, aber das war ziemlich leise: »Gott zum

Gruße!« Dann setzte er die Zipfelmütze wieder auf, flutschte ins Ohr zurück und war verschwunden.
Der Papa wankte zum Küchentisch und plumpste auf die Sitzbank. Die Mama setzte sich neben ihn.
Anna dachte: Mir scheint, die drehen wirklich durch! Besonders der Papa! Der ist ja so bleich im Gesicht wie frisch gefallener Schnee!
»Na, na«, sagte der Zwerg. »Wenn ich Winzling den Anblick der zwei Riesen durchstehe, werden sie meinen Anblick wohl auch aushalten können!«
Gut eine halbe Stunde lang hockten der Papa und die Mama sprachlos nebeneinander. Anna saß ihnen gegenüber und wartete. Der Zwerg war längst eingeschlafen.
Die Mama fand zuerst die Sprache wieder. Sie räusperte sich und sagte dann: »Damit werden wir wohl leben müssen!«
Worauf sich auch der Papa räusperte und sagte: »Aber wie ich das schaffen soll, weiß ich nicht!«
Anna rief: »Jetzt tut euch nichts an! Ihr lebt ja fast schon ein Jahr lang mit dem Zwerg. Nur habt ihr es halt nicht gewußt!«
»Auch wahr«, sagte die Mama.
»Und er kommt eh nicht mehr aus meinem Ohr raus«, sagte Anna. »Weil ihn das zu sehr mitnimmt. Das hat er nur gemacht, damit ihr mir glaubt.«
»Weiß außer uns noch jemand davon?« fragte der Papa.
»Niemand«, versicherte Anna.
»Der Peter auch nicht?« fragte der Papa.
»Der auch nicht«, sagte Anna. »Und ich sag es auch keiner Menschenseele mehr.«

Da seufzte der Papa erleichtert auf. Anna mußte, trotz ihres doppelten Liebeskummers, lächeln. Sie gab dem Papa einen Kuß auf die Wange. Und der Mama gab sie auch einen Kuß auf die Wange. »Ist halb so schlimm«, flüsterte sie dabei.
Ziemlich groß und stark kam sie sich plötzlich vor. Die zwei hocken da, dachte sie, als wäre ihnen die ganze Familie weggestorben. Dabei haben wir doch bloß einen Zwerg dazubekommen!

Wie wenig man lieben darf...

Wie wenig man lieben darf, damit es gerade noch Liebe ist, wußte Anna am Montagmorgen immer noch nicht. Obwohl sie dieses Problem am Sonntag mit der Mama und dem Papa stundenlang besprochen hatte.

Die Mama hatte gemeint, Anna brauche sich da gar keine Sorgen zu machen. »Du liebst doch den Hermann sowieso«, hatte sie erklärt. »Du warst zu Besuch bei ihm, du hast ihn ins Kino mitgenommen. Und du machst dir Sorgen und Gedanken um ihn. Irgendwie ist das doch Liebe!«

Anna hatte eingewendet: »Die Sorgen und die Gedanken macht sich der Zwerg um Hermann!«

»Also, das ist doch Jacke wie Hose«, hatte die Mama gemeint. »Der Zwerg gehört schließlich zu deinem Hirn. Was in dir drinnen ist, bist du.«

Und der Papa machte sich die Sache überhaupt ganz leicht. Er sagte, Anna sei ein guter Mensch. Und gute Menschen hätten alle anderen Menschen »irgendwie« lieb. Und da der Hermann zu allen anderen Menschen gehöre, müsse ihn Anna »irgendwie« auch liebhaben. Auch wenn sie es gar nicht merke.

Anna war damit nicht zufrieden. Das »irgendwie« störte sie. Ob »irgendwie« ausreichen werde, den Zwerg am Eintrocknen und Schrumpeln zu hindern, bezweifelte sie. Doch so schluchz-unglücklich wie am Samstagabend war sie nicht mehr. Daß der Papa und die Mama nun Bescheid wußten, tat ihr gut. Sie hatte wieder ein bißchen Hoffnung, daß doch noch alles in Ordnung kommen könnte.

Das glaubte der Papa auch. Am Montagmorgen, beim Frühstück, sagte er zu Anna: »Wirst sehen, der Peter ist sicher nicht lange bös auf dich. Einer, der dich liebhat, schafft das doch gar nicht!«
Und als sich Anna auf den Schulweg machte, sagte der Papa zum Abschied: »Vielleicht ist er überhaupt nicht böse auf dich. Vielleicht hat seine Schwester maßlos übertrieben!«

Die Schwester vom Peter hatte leider nicht übertrieben. Der Peter war schon in der Klasse, als Anna kam. Er war von Kindern umringt. Die erzählten ihm, was während seiner Abwesenheit in der Schule alles passiert war.
Anna setzte sich auf ihren Platz. Sie hatte ziemliches Herzklopfen. Schräg vor ihr hockte der Hermann und räumte seinen Schulkram aus. Er drehte sich zu Anna um. »Du«, sagte er, »meine Mama lädt dich für nächsten Samstag ins Kino ein. In ein ganz tolles, in der Stadt drinnen. Zu einem brandneuen Film!«
Eh klar, dachte Anna, daß uns seine Mama in ein schöneres Kino zu einem besseren Film führt! Doch dem Zwerg zuliebe lächelte sie dem Hermann freundlich zu und murmelte: »Fein, da freue ich mich aber schrecklich.«
Die Schulglocke ratschte, die Kinder, die beim Peter gestanden waren, liefen auf ihre Plätze, und der Peter lief nach vorne zum Lehrertisch hin, zur Frau Lehrerin. Anna hörte ihn sagen: »Bitte, ich möchte nicht mehr neben der Anna sitzen. Darf ich mich wegsetzen? Wohin, ist mir ganz egal.«

»Das kommt gar nicht in Frage«, sagte die Frau Lehrerin. »Ich mache doch nicht alle paar Wochen einen neuen Sitzplan. Du hast unbedingt neben der Anna sitzen wollen. Außerdem fangen in ein paar Wochen ohnehin schon die Ferien an. Die paar Wochen wirst du es wohl neben der Anna aushalten können. Nach den Ferien, im neuen Schuljahr, kannst du dir dann einen anderen Platz aussuchen.«
Ein bitterböses Gesicht machte der Peter, als er sich neben Anna setzte.
»Du bist gemein«, flüsterte Anna.
Der Peter schaute Anna nicht einmal an.
»Ich habe dir doch nichts getan«, flüsterte Anna.
Der Peter schaute stur nach vorne, zur leeren Tafel hin.
»Warum glaubst du denn gleich, was dir der Michi alles erzählt?« flüsterte Anna.
Der Peter schaute weiter stur zur Tafel und zischte Anna zu: »Weil es wahr ist! Alle sagen es! Oder warst du vielleicht nicht bei ihm daheim? Und mit ihm im Kino, ha?«
Anna war froh, daß die Frau Lehrerin zum Peter herschaute und rief: »Peter! Aufpassen! Nicht tratschen! Geredet wird in der Pause! Wir sind nicht im Kaffeehaus!«
Anna dachte: Nie im Leben kann ich das dem Peter richtig erklären, ohne etwas vom Zwerg zu sagen. Du, Zwerg, dachte sie, warum kann ich nicht einfach auch dem Peter von dir erzählen?
»Ach, mach, was du willst!« sagte der Zwerg mit matter Stimme. »Mir ist die Sache über den Kopf gewachsen! Ich gebe dir keinen Rat mehr. Ich kann nicht. Jeder steht sich

selbst am nächsten. Ich hab bloß Angst, daß ich in einen Lauskopf muß. An etwas anderes kann ich überhaupt nicht mehr denken!«
Der Zwerg schluchzte. »Tut mir leid, Anna. Ich kann nichts dafür. Ich schlafe am besten wieder ein und warte darauf, ob ich als verschrumpelte Winzigkeit aufwache. Mach's gut, Anna!«
Vor lauter Mitleid mit dem armen Zwerg hätte Anna beinahe auch zu schluchzen angefangen. Doch sie biß die Zähne zusammen und schluckte tapfer alle Tränen hinunter. Und sie überlegte: Wenn der Peter den Zwerg nur ein einziges Mal sehen könnte, dann müßte er mir alles glauben! Dann würde er mich wieder liebhaben!
»Glaub bloß nicht, daß ich noch einmal rauskomme«, schluchzte der Zwerg. »Letzten Endes haben meine Ausgänge bloß Unheil angerichtet. Man soll eben nie wider seine Natur handeln! Das war mir eine Lehre, die ich ab jetzt beherzige. Erzähl von mir, wem du willst! Von mir aus der ganzen Klasse und der Frau Lehrerin auch. Aber rechne nicht mit mir als Beweismittel!«
Anna wagte nicht, den Zwerg umzustimmen. So verzweifelt, wie der Zwerg war, das sah Anna ein, konnte er sich wirklich nicht um ihren Kummer kümmern. Ihr war ja bloß eine Liebe zerbrochen. Was war das schon gegen das drohende Schicksal, eine steinharte Winzigkeit in einem Lauskopf zu werden?
Anna dachte zum Zwerg: Schlaf ein, armer Zwerg! Irgendwie kriege ich das schon allein hin. Verlaß dich nur auf mich.
In keiner Pause redete der Peter mit Anna. Den Hermann

freute das. Der Hermann sah das nämlich ganz falsch. Er glaubte, Anna wolle mit dem Peter nicht mehr reden.
Zu Mittag, in der Garderobe, sagte der Hermann zu Anna: »Wenn du jetzt am Nachmittag nimmer zum Peter gehst, dann kannst du ja immer zu mir kommen.«
»Vielleicht«, murmelte Anna. »Ich werde sehen.« Mehr Freundlichkeit schaffte sie nicht. Aber dem Hermann reichte es. Er freute sich so sehr, daß er rot im Gesicht wurde. Und das wiederum freute Anna. Sie dachte: Er fühlt sich geliebt von mir. Fein! Das ist ja die Hauptsache!
Als Anna aus der Schule ging, kam der Hermann mit ihr zur Straßenecke. »Ich warte mit dir auf deine Mama«, sagte er.
Anna vertrieb ihn nicht. Allein an der Straßenecke zu stehen war ohnehin langweilig.
Die Alma kam auch zu ihnen. »He«, sagte sie, »ich gehöre zu euch. Ihr seid meine Freunde.«
Und dann sagte die Alma zum Hermann: »Du, meine Mama hat mir erlaubt, daß ich heute mit dir heimgehe. Da können wir zusammen die Hausübung machen. Und überhaupt ist es zu zweit lustiger als alleine!«
Der Hermann schaute nicht gerade begeistert drein, aber er protestierte nicht.
Dann kam das Auto der Mama die Straße herauf und hielt auf der gegenüberliegenden Straßenseite. Anna lief über die Straße und stieg zur Mama ins Auto. Sie winkte dem Hermann zu, bis die Mama an der nächsten Straßenkreuzung abbog. Winken, dachte Anna, ist eine Freundlichkeit, die mit Liebhaben zu tun hat! Anna war zufrieden mit

sich. So, wie ich mich heute zum Hermann benommen habe, dachte sie, ist keine Gefahr, daß der Zwerg schrumpelt und vertrocknet.

»Wie war der Peter?« fragte die Mama besorgt.
»Er redet nicht mehr mit mir«, sagte Anna.
»Depp, der«, murmelte die Mama.
Anna nickte.
»Aber früher oder später«, sagte die Mama, »wäre das auch ohne Zwerg und Hermann passiert. Eifersüchtige Menschen finden immer einen Grund zur Eifersucht, auch wenn es gar keinen gibt.«
Anna dachte: Mag sein, aber deswegen kann ich meine Liebe zum Peter ja nicht einfach abdrehen wie einen Wasserhahn! Und den Paul und die Schwestern und das Baby und die Eltern vom Peter, die hab ich ja auch lieb. Daß ich die nimmer sehen kann, ist fast genauso schlimm.
Als ob die Mama Gedanken lesen könnte, murmelte sie: »Ja, ja, das ist ein Jammer!«
In der Mama-Wohnung machte Anna zuerst die Hausübung, dann half sie der Mama einen großen Sack mit alten Kleidern für die Rote-Kreuz-Sammlung vollzustopfen. Und dann wuschen die Mama und Anna die Fliesen im Badezimmer. Dabei fragte die Mama: »Wie wär's denn, wenn du dem Peter einen Brief schreibst?«
»Was soll ich denn reinschreiben, wenn ich doch vom Zwerg nichts schreiben darf?« fragte Anna.
»Die Sache müßte auch ohne Zwerg zu erklären sein«, sagte die Mama. Sie warf den Wischlappen ins Putzwasser,

trocknete sich die Hände ab und sagte: »Das kriegen wir schon hin. Im Briefschreiben war ich immer Spitze!«
Die Mama ging in ihr Zimmer, nahm die Schreibmaschine aus dem Regal, stellte sie auf den Tisch, setzte sich hinter die Schreibmaschine, spannte ein rosa Blatt Papier in die Maschine und tippte: LIEBER PETER! Dann nahm sie die zwei Zeigefinger, mit denen sie getippt hatte, von den Tasten und steckte sie in den Mund und biß an den Nägeln herum. Anna setzte sich neben die Mama und wartete. Zu reden wagte sie nicht. Sie hatte Angst, die Mama beim Brief-Ausdenken zu stören.
Die Mama nahm die Zeigefinger aus dem Mund und hieb wieder in die Tasten. Mit angehaltenem Atem starrte Anna auf die Buchstaben, die das Typenrad auf das rosa Papier druckte:
WEIL DU MICH NICHT VERSTEHST, ERKLÄRE ICH DIR ALLES BRIEFLICH. ES IST SO:
Das, dachte Anna, hätte ich auch geschafft. Aber wie geht es nun weiter?
Die Mama tippte weiter:
DER HERMANN HAT MICH SEHR GERN. SEIT ICH DAS WEISS, FÜHLE ICH MICH VERPFLICHTET, FREUNDLICH ZU IHM ZU SEIN. AUSSER MIR IST EH NIEMAND NETT ZU IHM. UND JEDER MENSCH BRAUCHT IRGEND JEMANDEN, DER LIEB ZU IHM IST. SONST WIRD DER HERMANN NOCH VIEL KOMISCHER, ALS ER JETZT SCHON IST. ABER MIT MEINER GANZ GROSSEN LIEBE ZU DIR HAT DAS ÜBERHAUPT NICHTS ZU TUN. UND WENN DU MIR DAS NICHT GLAUBST, DANN BIST DU EIN GRANDIOSER HORNOCHSE UND MEINER LIEBE GAR NICHT WÜRDIG!

Die Mama zog das rosa Papier aus der Schreibmaschine. »Kannst du den letzten Satz nicht weglassen?« fragte Anna.
»Warum?« Die Mama schüttelte den Kopf. »Der letzte Satz ist der beste! Glaub mir das!«
Die Mama drückte Anna die Füllfeder in die Hand. »Unterschreib«, sagte sie. Anna zögerte. Sie sagte: »Wenigstens den ›Hornochsen‹ könnten wir weglassen.«
Die Mama schüttelte wieder den Kopf. »Er ist ja einer«, beharrte sie. »Und die Wahrheit darf gesagt werden! Und wenn ich den Hornochsen wegstreiche, dann schaut der Brief wie ein Bittschreiben aus. Und du bist doch kein Bettler. Oder?«
»Bin ich nicht«, sagte Anna, schraubte die Füllfeder auf und schrieb HERZLICHE GRÜSSE, DEINE ANNA unter den Brief.
Die Mama steckte den Brief in ein rosa Kuvert.
Anna schrieb die Adresse vom Peter auf das Kuvert. Dann trugen die Mama und Anna den Brief zur Post. Anna hauchte einen Kuß auf das rosa Kuvert, bevor sie es in den Postkasten steckte.

Am nächsten Tag in der Schule…

Am nächsten Tag in der Schule redete der Peter noch immer kein Wort mit Anna.
Anna dachte: Ist ja klar! Den Brief hat er ja noch nicht bekommen. Den bringt der Briefträger heute vormittag. Den liest er erst zu Mittag!
In der großen Pause, im Hof unten, fragte Alma die Anna: »Du, Anna, willst du heute nachmittag zu mir kommen? Der Hermann kommt auch. Ich hab ein tolles Kasperltheater. Da können wir zu zweit spielen, und der dritte schaut zu!«
Doch Anna hatte keine Zeit fürs Kasperltheater. Sie mußte mit der Mama zum Zahnarzt gehen. Die Mama hatte ein großes Loch im hintersten Zahn, rechts unten. Und die Mama hatte schreckliche Zahnarzt-Angst. Ohne Anna schaffte sie den Besuch beim Zahnarzt nicht. Da machte sie vor der Haustür vom Zahnarzt einfach kehrt und fuhr wieder heim!
So verbrachte Anna also einen Zahnarzt-Nachmittag. Nicht, daß der Zahnarzt den ganzen Nachmittag im Mund der Mama herumgebohrt hätte! Aber zuerst zitterte die Mama aus lauter Zahnarzt-Angst. Und Anna mußte ihr gut zureden. Dann fuhren sie im Taxi zum Zahnarzt. »So nervös, wie ich bin«, sagte die Mama, »kann ich kein Auto lenken, ich würd ja glatt bei Rot über die Kreuzung fahren und in den nächsten Laternenmast rein!«
Dann saß Anna neben der Mama eine Stunde im Wartezimmer vom Zahnarzt und versuchte, die Mama von der

Zahnarzt-Angst abzulenken. Sie schaute mit der Mama Illustrierte an.
Als die Mama an der Reihe war, wollte sie dem Mann, der neben ihr saß und wartete, den Vortritt lassen. »Ich hab es gar nicht eilig«, sagte sie zu dem Mann.
Aber der Mann hatte es auch nicht eilig und lehnte das Angebot der Mama ab. Anscheinend hatte er auch große Zahnarzt-Angst.
»Jetzt nimm dich aber zusammen, Mama«, sagte Anna, zog die Mama vom Stuhl hoch und schob sie ins Ordinationszimmer.
Während der Zahnarzt bohrte, hielt Anna der Mama die Hand. Der Zahnarzt lachte darüber. »Das ist ja die total verkehrte Welt«, sagte er, »wo die Kinder die Mütter begleiten und trösten müssen!«

Nach dem Zahnarzt-Besuch war die Mama so erschöpft, daß sie sich ausruhen mußte. Anna fuhr mit der Mama, wieder mit einem Taxi, in die Papa-Wohnung. Die Mama legte sich im Wohnzimmer auf das Sofa. Anna machte ihre Hausübung. Zehn Sätze hatte sie zu schreiben. Wenn der Zwerg nicht wach war, tat sich Anna mit dem Rechtschreiben immer ein bißchen schwer. Zehn Fehler machte Anna in zehn Sätzen. Dreimal schrieb sie ein Hauptwort mit einem kleinen Anfangsbuchstaben, zweimal ein Zeitwort mit einem großen Anfangsbuchstaben, dreimal vergaß sie ein stummes »h«, und zweimal schrieb sie ein »ie«, wo gar keines hingehörte.
Die Mama kontrollierte die Hausübung, doch sie war so matt, daß sie keinen einzigen Fehler bemerkte. Die zehn

Fehler entdeckte dann am Abend der Papa, als er Anna beim Schultasche-Einräumen half. Da war die Mama schon nach Hause gefahren.
Der Papa machte sich mit dem Tintentod über die Hausübung her und besserte die zehn Fehler erstklassig aus.
»Du bist ein sehr netter Papa«, lobte ihn Anna.
»Du bist ja auch eine sehr nette Tochter«, sagte der Papa.
Dann schauten der Papa und Anna noch ein bißchen fern. Und dann badeten sie zusammen in viel Schaum und wuschen sich gegenseitig die Köpfe. Anna erzählte beim Kopfwaschen dem Papa vom Brief, den die Mama in ihrem Namen geschrieben hatte. Der Papa hielt den Brief für eine gute Idee. Und was die Mama in dem Brief geschrieben hatte, gefiel ihm auch. »Wenn der Peter das liest«, sagte der Papa, »muß er einfach wieder nett zu dir sein!«
Über den Zwerg redete Anna mit dem Papa nicht. Sie hatte gemerkt, daß der Papa das nicht wollte. Sie hatte den Verdacht, daß der Papa den Zwerg am liebsten vergessen wollte.

Anna war am nächsten Morgen das erste Kind in der Klasse. Nicht einmal die Frau Lehrerin war schon da. Die saß noch im Lehrerzimmer unten.
Anna setzte sich hinter ihr Pult. Sie war so aufgeregt, daß ihre Hände zitterten. Als sie das Schulzeug ausräumte, zitterten ihre Hände so stark, daß Radiergummi und Buntstifte auf den Boden fielen.

Langsam füllte sich die Klasse. Um Anna herum wurde es laut. Die Alma kam zu Anna und erzählte ihr, daß sie gestern mit Hermann einen ganz tollen Kasperltheater-Nachmittag gehabt habe. »Einmal haben wir uns zwar ein bißchen geprügelt«, sagte sie, »weil der Hermann blöd war, aber sonst war es Spitze.«
Und als der Hermann dann kam, erzählte er Anna auch, daß der Nachmittag bei der Alma »Spitze« gewesen sei. »Die Alma ist lustig«, sagte er. »Und eine Million Witze kann sie! Und drei ganz unanständige Lieder kennt sie auch! Wenn sie die singt, zerkugelst du dich vor Lachen! Heute nachmittag kommt die Alma zu mir. Kommst du auch?«
»Ich weiß noch nicht so recht«, sagte Anna. »Meine Mama holt mich ja ab. Ich muß sie fragen, ob sie es erlaubt.«
Der Hermann schien über Annas Antwort nicht enttäuscht. »Na, wenn's heute nicht geht«, sagte er, »dann komm halt morgen. Weißt du, ab jetzt werde ich immer mit der Alma am Nachmittag zusammensein. Ich muß ihr nämlich bei den Hausübungen helfen. In Tirol, wo sie so lange war, da haben sie in der Schule was anderes gelernt. Bei vielen Sachen kennt sie sich noch nicht so richtig aus.«
Der Peter kam erst beim Läuten in die Klasse herein. Er setzte sich neben Anna, schob seine Schultasche ins Pult, zog den Brief, den ihm Anna geschrieben hatte, aus der Schultasche und legte ihn Anna in den Schoß.
Der Brief war noch immer zugeklebt. Mit rotem Filzstift hatte der Peter in großen Buchstaben auf das Kuvert geschrieben: ANNAHME VERWEIGERT!

Anna steckte den Brief in den rosa Ranzen und dachte: Das gibt es ja nicht! Das darf ja nicht wahr sein! Nicht einmal gelesen hat er meinen Brief! Und das soll Liebe sein! Nur ein echter Hornochse liebt so!

Einen richtigen, glühendroten Zorn hatte Anna bekommen! Zum Traurigsein war gar kein Platz mehr in ihrem Kopf. Den ganzen Vormittag über blieb Anna rotglühend zornig. Und sie fand das prima! Zorn machte längst nicht so unglücklich wie Traurigsein. Da konnte man den Radiergummi so wild aufs Pult schleudern, daß er bis zur Decke hochsprang, und mit dem Kugelschreiber so fest auf die Heftseite drücken, daß das Papier in Fetzen ging. Und in der großen Pause saß Anna allein im Hof unten auf der Bank vor den Fliederbüschen und hieb mit den Schuhabsätzen in den Kies, daß der Staub nur so hochwirbelte. Dabei murmelte sie vor sich hin: »Hornochse, Hornochse, blöder-blöder-blöder Hornochse!«

Als die Pause zu Ende war und Anna von der Bank aufstand, waren zwei tiefe Löcher im Boden, und Annas Schuhabsätze waren schiefgetreten. Der Gummibelag hing in Fransen herunter. Und der glühendrote Zorn war weg.

Anna beschloß, am Nachmittag etwas für den armen Zwerg zu tun. Sie dachte: Ich werde zum Hermann gehen und lieb zu ihm sein!

Doch als Anna zu Mittag, in der Garderobe, dem Hermann das sagen wollte, war der Hermann schon weg.

»Der ist gerade mit der Alma raus«, sagte die Susi, »ganz auf ein Herz und eine Seele!«

Anna lief zum Schultor. Sie sah den Hermann und die

Alma auf die Straßenkreuzung zugehen. Der Hermann hatte in jeder Hand eine Schultasche. In der rechten die seine, in der linken die von der Alma.
»He, wartet auf mich!« rief Anna und rannte zur Straßenkreuzung. Doch als sie dort ankam, war die Fußgängerampel auf Rot geschaltet, und der Hermann und die Alma waren schon auf der gegenüberliegenden Straßenseite.
»Hallo, Hermann!« rief Anna und winkte. Der Hermann und die Alma hörten sie nicht. Die beiden standen vor dem Schaufenster der Spielwarenhandlung und schauten Stofftiere an.
Der Hermann hatte die beiden Schultaschen abgestellt und einen Arm um Almas Schultern gelegt.
Anna ließ den Arm sinken und dachte: Also, das verändert ja die Lage enorm!
»Find ich auch«, sagte der Zwerg. Seine Stimme klang fröhlich.
Seit wann bist du wach? dachte Anna.
»Dein glühroter Zorn hat mich aufgeweckt«, sagte der Zwerg. »Es ist derart heiß in deinem Schädel geworden, daß ich komplett ins Schwitzen gekommen bin!«
Und wie fühlst du dich? fragte Anna besorgt.
»Tadellos«, sagte der Zwerg. »Saftig und prall wie eh und je. Die Lauskopfgefahr scheint gebannt zu sein!« Der Zwerg kicherte. »Find ich ja prächtig«, sagte er, »daß mir der Herr Mann die Arbeit abgenommen hat. Der hat sich die Leitung zwischen LIEBE und ALMA selbst gelegt!«
Dürfte stimmen, dachte Anna.
»Und darum«, sagte der Zwerg, »brauchst du dich mit dem Herrn Mann nicht mehr herumzuplagen. Er mag die

Alma, die Alma mag ihn. Das reicht. Von zwei Mädchen geliebt zu werden wäre Luxus!«
Genau, dachte Anna. Überhaupt dann, wenn es einem der zwei Mädchen unheimlich schwerfallen würde!
Das Auto der Mama kam die Straße heraufgefahren und hielt neben Anna. Anna stieg ins Auto.
»Na?« fragte die Mama.
Anna machte den rosa Ranzen auf, holte den Brief heraus und gab ihn der Mama.
»So eine Frechheit!« rief die Mama. »Dem Hornochsen gehört ja eine geknallt!« Die Mama drehte sich zu Anna um. »Bist du sehr traurig, mein Schatz?«
Anna schüttelte den Kopf.
»Echt nicht?« Die Mama schien es nicht recht zu glauben.
»Unheimlich zornig war ich«, sagte Anna. »Aber das hat sich auch schon gelegt!« Anna hob ein Bein hoch und legte es auf die Lehne vom Beifahrersitz. »Schau, Mama.« Anna zeigte auf den Schuhabsatz. »Aus lauter Zorn hab ich mir die Schuhe kaputtgemacht!«
Die Mama schaute erstaunt auf den schiefen Sandalenabsatz, von dem der Gummibelag zerfranst herunterhing.
»Der andere schaut genauso aus«, sagte Anna.
»Wie hast du denn das geschafft?« fragte die Mama.
»Ich hab meinen Zorn in den Kies hineingescharrt«, sagte Anna.
»Eine gute Idee«, sagte die Mama. »Das muß ich mir merken, für den Bedarfsfall!«
Und dann fuhren die Mama und Anna zum nächsten Schuhgeschäft und kauften neue Sandalen für Anna, rote

Riemchensandalen mit Glitzersteinen auf den Riemchen.
Die Mama kaufte sich auch Sandalen. Weiße, mit ganz hohen Absätzen.
»Und jetzt«, sagte die Mama nach dem doppelten Sandalenkauf, »habe ich mein ganzes Geld ausgegeben.« Sie kramte in der Geldbörse. »Was da drinnen ist, reicht nicht mal mehr zum Pizzaessen im Restaurant!«
»Wofür reicht es denn?« fragte Anna.
»Für vier Topfkolatschen* und zwei Cola«, sagte die Mama. Also gingen die Mama und Anna in eine Bäckerei und kauften vier Topfkolatschen und zwei Cola und setzten sich in den Park und aßen die Kolatschen und tranken die Cola.
Die Mama blinzelte in die Sonne und fragte: »Wie geht es dem Zwerg?«
»Wieder gut«, sagte Anna und erzählte der Mama von der neuen Liebe zwischen dem Hermann und der Alma.
»Toll«, sagte die Mama. Und dann fragte sie: »Schläft er gerade? Oder ist er wach?«
»Ich bin beim Einschlafen«, murmelte der Zwerg und gähnte.
»Er ist beim Einschlafen«, sagte Anna.
Die Mama beugte sich zu Anna und flüsterte ihr ins Ohr: »Schlaf gut, lieber Zwerg!«
Anna lehnte den Kopf an die Schulter der Mama. »Weißt du«, sagte sie, »der Papa kommt mit meinem Zwerg

* Topfkolatsche – kleiner, gefüllter Hefekuchen

nicht zurecht. Dem Papa ist er unheimlich, glaube ich.«

»Könnte leicht sein«, sagte die Mama. »Mußt ja auch nicht mit ihm über den Zwerg reden. Reicht ja, wenn du mit mir über ihn reden kannst.«

»Und dir ist er nicht unheimlich?« fragte Anna.

»Ach wo.« Die Mama schüttelte den Kopf. »Nur ein bißchen neidisch bin ich, daß ich keinen im Kopf hab.«

Eine ganze Woche lang…

Eine ganze Woche lang redete der Peter kein Wort mit Anna. Am ersten Tag dieser Woche schaute er Anna nicht einmal an.

Stur nach vorne zur Tafel schaute er, und der Zwerg motzte: »Der Hornochse wird noch die totale Genickstarre bekommen!«

Am zweiten Tag warf der Peter hin und wieder Anna einen giftigen Blick zu, und der Zwerg motzte: »Der Hornochse hat Sehstörungen, der hält dich für eine eklige Kreuzspinne!«

Am dritten Tag starrte der Peter unentwegt zum Hermann und zur Alma. Schön langsam merkte er nämlich, daß die beiden »dicke Freunde« waren und daß der Hermann weit mehr mit der Alma redete als mit Anna, und der Zwerg motzte: »Jetzt versteht der Hornochse die Welt nicht mehr!«

Am vierten Tag schielte der Peter dauernd zu Anna. In den Stunden und in den Pausen auch, und der Zwerg motzte: »Der Hornochse würde gern Kontakt zu uns aufnehmen, aber er weiß nicht, wie er es anfangen soll!«

Und am letzten Schultag in dieser Woche, als Anna in der großen Pause im Hof unten mit der Susi Gummitwist hüpfte, stellte sich der Peter zu ihr. Ein paarmal machte er sogar den Mund auf, als ob er etwas sagen wollte, doch dann klappte er ihn wieder zu.

Anna dachte: Er will wieder mein Freund sein! Sie wollte dem Peter aufmunternd zulächeln, doch der Zwerg rief:

»He, spinn nicht! Laß den Hornochsen ein bißchen im eigenen Saft schmurgeln!«
Auch wahr, dachte Anna und lächelte nicht.
Am Sonntag, am Abend dann, klingelte das Telefon in der Papa-Wohnung. Der Papa und Anna waren gerade erst heimgekommen. Sie waren mit der Mama baden gewesen. Der Papa hob den Telefonhörer ab. »Für dich, Anna«, sagte er und hielt Anna den Hörer hin. »Der Peter«, flüsterte er.
Anna nahm den Hörer. »Ja, bitte?« sagte sie.
»Du, Anna«, sagte der Peter. »Könntest du mir morgen in der Schule den Brief noch einmal geben. Ich würde ihn doch gern lesen.«
»Den Brief hab ich weggeworfen«, log Anna. Der Brief lag auf ihrem Schreibtisch, unter dem Briefbeschwerer. Anna wollte ihn nicht mehr hergeben. Im Brief stand ja etwas von »großer Liebe«, und Anna war sich nicht mehr ganz sicher, ob das noch stimmte.
»Kannst mir den Brief nicht noch einmal schreiben?« fragte der Peter.
»Soweit kommt's noch, du Hornochse«, motzte der Zwerg, und Anna sagte, ohne es wirklich zu wollen, dem Zwerg nach: »Soweit kommt's noch, du Hornochse!«
Da murmelte der Peter: »Entschuldigung« und legte den Hörer auf.
Vorlauter Zwerg du, dachte Anna grantig, dauernd drängst du mir deine Meinung auf! Ich hab das gar nicht sagen wollen.
»Pardon«, murmelte der Zwerg. »Ab jetzt halte ich mich zurück und mische mich nicht mehr ein!«

Und das tat der Zwerg dann auch. Weder am Montag noch am Dienstag gab er irgendeinen Kommentar zum Peter ab. Obwohl er ganz gewiß allerhand über den Peter zu motzen und zu stänkern gehabt hätte. Der Peter hockte nämlich wie ein todkrankes Kind neben Anna. Bleich war er, trübe Augen hatte er, mit niemandem redete er, in den Pausen blieb er auf seinem Platz, sein Jausenbrot aß er auch nicht, und wenn ihn die Frau Lehrerin etwas fragte, antwortete er mit so leiser Stimme, daß ihn die Frau Lehrerin gar nicht verstand und noch einmal nachfragen mußte.
Anna dachte: Wenn er mich jetzt fragt, ob ich wieder seine Freundin sein will, dann sage ich ja!
Nicht einmal da meldete sich der Zwerg zu Wort. Aber der Peter fragte ohnehin nicht. Doch er war wortlos freundlich zu Anna. Als Anna die Füllfederpatrone leer geschrieben hatte und keine volle Patrone mehr im Bleistiftetui hatte, holte der Peter seine Reservepatrone aus der Füllfeder und schob sie Anna zu. Als Anna auf ihrer Zeichnung einen Strich wegradieren wollte und ihr harter Radiergummi schmierige Streifen aufs Papier machte, reichte ihr der Peter seinen weichen Radiergummi. Und in jeder Pause holte der Peter ein Bonbon aus seiner Schultasche und legte es auf Annas Pulthälfte. Anna aß die Bonbons und war sehr gerührt.
Mittwoch, am Abend, als Anna vor dem Papa-Haus aus dem Auto der Mama stieg, stand die eine große Schwester vom Peter in der Tornische. »Ich habe auf dich gewartet«, sagte sie zu Anna. »Weil ich mit dir reden muß. Weil es so nicht weitergeht. Weil der Peter schon ganz krank vor Liebeskummer ist.«

Die große Schwester ging mit Anna ins Haus hinein und die Treppe hoch. »Der Peter dreht echt noch durch«, sagte sie. »Er schnappt uns noch über!«
Ehrlich besorgt schaute die große Schwester drein. »Weißt du, was er mir gestern heulend und schluchzend erklärt hat?«
»Nein«, sagte Anna.
»Aber sag es ja niemandem weiter«, sagte die große Schwester. »Weil das niemand erfahren darf!«
»Sowieso nicht«, sagte Anna.
Die große Schwester blieb mitten auf der Treppe stehen. Sie beugte sich ein bißchen zu Anna und flüsterte: »Er hat behauptet, er sei an der blöden Eifersucht nicht schuld. Schuld daran sei ein Zwerg mit gelber Schirmmütze. Der wohne in seinem Kopf. Und der sage ihm solche Sachen ein.«
»O du meine Güte«, kreischte der Zwerg. »Ein Gelber! Die Gelben spinnen ja!«
Anna wußte nicht, was sie zur großen Schwester sagen sollte. Sie schwieg und stieg weiter die Treppe hoch. Die große Schwester hielt Annas Schweigen für Entsetzen. Sie kam hinter Anna her und sagte: »Aber ich bin mir sicher, daß sich sein Irrsinn wieder legt, wenn du gut mit ihm wirst!«
Anna holte, bei der Wohnungstür angekommen, die Schlüsselkette aus dem Halsausschnitt vom T-Shirt und sperrte die Wohnungstür auf. Der Papa stand im Vorzimmer. »Ach, du bringst Besuch mit?« fragte er.
»Nein«, sagte die große Schwester. »Ich gehe schon wieder. Ich habe der Anna nur etwas berichten müssen.«

Dann flüsterte sie Anna zu: »Also, kein Wort zu irgend jemandem, bitte!« und lief der Treppe zu.
Dem Papa glitzerte die Neugier aus den Augen. »Was wollte sie denn?« fragte er.
»Nur ein Zwergen-Problem«, sagte Anna. Da verschwand der Papa, wie ein gut geölter Blitz, in der Küche. Mit Zwergen-Problemen wollte er nichts zu schaffen haben.
Anna ging auch in die Küche, setzte sich auf die Eckbank, schaute dem Papa beim Nachtmahlkochen zu und fragte den Zwerg: Wieso spinnen die mit den gelben Schirmmützen?
Der Zwerg sagte: »Wieso sie spinnen, weiß ich auch nicht. Aber daß sie total meschugge sind, ist unsereinem bekannt. Sie neigen jedenfalls dazu, in den Köpfen, wo sie wohnen, Mißtrauen und Verdacht zu verbreiten!«
Anna fragte den Zwerg: Und wenn ich mit ihm rede? Wenn ich ihm gut zurede? Ins Ohr vom Peter hinein?
Zuerst gab der Zwerg keine Antwort. Erst als Anna dachte: He? Was ist? Ich hab dich was gefragt!, sagte der Zwerg: »Die sind doch stur wie die Böcke! Von dir läßt sich so einer gar nichts sagen!« Dann schwieg der Zwerg wieder.
Anna merkte, daß er nachdachte. Sie kannte ihren Zwerg schließlich. Sie wartete geduldig, bis der Zwerg weiterredete. »Einen Gelben muß man in unserer Muttersprache anreden«, sagte er. »Unsereiner ist nämlich zweisprachig. Wir beherrschen fließend Mensch und Zwerg!«
Wie klingt Zwergisch? wollte Anna wissen.
»Für dich klingt es gar nicht«, sagte der Zwerg. »Wir kommen untereinander tonlos zurecht. Das blitzt elektrisch

von Hirn zu Hirn, geht aber nur dicht an dicht. Zwergisch reicht nicht weit!«
»Wie weit?« fragte Anna.
»So weit, wie dein kleiner Finger dick ist«, sagte der Zwerg.
Anna stand auf. »Kannst du das Nachtmahl um eine Stunde nach hinten verschieben?« fragte sie den Papa. »Ich muß noch einmal weg!«
»Zum Peter?« fragte der Papa.
Anna nickte.
»Geh bei der Ampel über die Straße«, sagte der Papa.
Anna nickte.
»Viel Glück, Anna«, rief der Papa hinter ihr her, als Anna aus der Wohnung lief.

Die Mama vom Peter machte Anna die Tür auf. »Bist mir schon richtig abgegangen«, sagte sie.
»Und du mir erst«, sagte Anna. Sie ging ins Wohnzimmer. Der Peter-Papa lag auf dem Sofa. Das Baby hatte er auf dem Bauch. Das Baby spuckte den Schnuller aus und lachte Anna entgegen. Und der Peter-Papa rief: »Fein, daß du wieder da bist!«
Die große Schwester, die bei Anna gewesen war, saß beim Eßtisch, lackierte ihre Fingernägel und zwinkerte Anna zu. Die andere große Schwester kam aus dem Schwestern-Zimmer. »Ach, unsere Anna«, rief sie. »Da hat ja alle Seelennot ein Ende!« Sie deutete auf das Peter-Paul-Zimmer. »Der Paul ist bei seinem Freund. Geh nur rein. Da seid ihr ungestört!«
Der Peter stand am Fenster und schaute hinaus. Ganz so, als hätte er nicht gehört, daß Anna gekommen war. Dabei mußte er es gehört haben. Durch die dünnen Wände in der Peter-Wohnung hörte man jedes Wort!
Anna ging zum Peter hin. Sie nahm ihn an der Hand und führte ihn zum Etagenbett. Sie setzte sich auf die Kante vom unteren Bett. Der Peter setzte sich neben sie. Sie rutschte ganz dicht an den Peter heran und lehnte ihren Kopf an den vom Peter. So, daß ihr linkes Ohr an seinem rechten war.
»Ich hab nämlich einen mit violetter Zipfelmütze«, sagte sie. »Und der wird jetzt mit deinem reden. In Zwergisch-Elektrisch. Das können wir nicht hören.«
Lange Zeit saßen der Peter und Anna so. Ohr an Ohr. Sie redeten nicht, um die Zwerge nicht zu stören. Sie hielten einander bloß fest an den Händen. Zu hören war von den

Zwergen tatsächlich nichts. Bloß ein zartes Kribbeln spürte Anna im Ohr. Dann hatte das Kribbeln ein Ende, und Anna merkte am leichten Kitzeln, daß der Zwerg wieder ins Ohr hineinflutschte. Gleich darauf sagte er: »Der Gelbe läßt untertänigst um Entschuldigung bitten! Er hat eingesehen, daß er dich zu Unrecht verdächtigt hat!«
Anna nickte und rückte ein bißchen vom Peter weg, damit sie ihm ins Gesicht schauen konnte. Der Peter hatte die Augen geschlossen. Anna dachte: Er unterhält sich mit seinem Zwerg!
Dann öffnete der Peter die Augen und sagte zu Anna: »Er schwört, daß er mir keinen Blödsinn mehr einreden wird. Aber er verspricht oft was und hält es dann nicht.«
»Meiner spielt auch manchmal verrückt«, sagte Anna. »Aber wenn ich mit ihm streite, gibt er zum Schluß doch immer nach.«
»Ich werd einfach nicht mehr auf ihn hören«, sagte der Peter. Er rutschte wieder dicht an Anna und legte seinen Kopf an den ihren. Ohr an Ohr saßen sie da. Aber jetzt kribbelte es in den Ohren nicht mehr.
»Meiner schläft sicher schon«, sagte der Peter. »Er braucht viel Schlaf.«
»Meiner auch«, sagte Anna.
So saßen der Peter und Anna, bis die Peter-Mama an die Zimmertür klopfte und rief: »Marillenknödel gibt's! Wenn ihr nicht bald kommt, sind alle weg!«
Da sprangen der Peter und Anna auf und liefen, Hand in Hand, ins Wohnzimmer. Zehn Knödel waren noch übrig. Die aßen der Peter und Anna auf.
Jeden Knödel teilten sie.

PAUER

Von jedem Knödel aß der Peter eine Hälfte und Anna die andere Hälfte. Sogar aus einem Glas tranken sie gemeinsam, Mund an Mund, Apfelsaft.
Nach dem Nachtmahl begleitete die ganze Peter-Familie Anna heim. Sogar der Peter-Papa ging mit, obwohl er so müde Beine hatte. Und Anna durfte das Baby im Kinderwagen schieben.
An der Ecke, vor dem Papa-Haus, kam ihnen eine Frau entgegen, die grüßte die Peter-Mama, blieb stehen und sagte: »Na so was! Ich hab geglaubt, Sie hätten fünf Kinder. Dabei haben Sie ja sechs!«
Total ernst antwortete die Peter-Mama: »Ja, ja, sechs haben wir. Wär ja ein Jammer, wenn's nur fünf wären.«
Erst als die Frau weitergegangen war und sie es nicht mehr hören konnte, fingen sie alle zu lachen an. Bis zum Haustor vom Papa-Haus lachten sie.
Der Papa stand oben am offenen Wohnzimmerfenster und winkte Anna zu. Anna und der Peter, die großen Schwestern und der Paul, das Baby und die Peter-Eltern winkten zurück.
Anna sagte zum Peter: »Wenn du am Sonntag mit der Mama und dem Papa und mir in den Prater gehst, dann glauben auch alle Leute, daß meine Eltern zwei Kinder haben.«
Dann lief Anna ins Haus hinein und raste die Treppen hoch. Der Papa stand in der offenen Wohnungstür. »Alles okay?« fragte er.
»Total okay«, schnaufte Anna. »Ich bin das sechste Kind der Peter-Eltern, und der Peter ist das zweite Kind von dir und der Mama.«

»Dann gibt es ja jetzt zwei Kinder mehr auf der Welt«, murmelte der Papa.
»Der Mann rechnet doch falsch, oder?« fragte der Zwerg.
Anna dachte: Einerseits schon, aber andererseits wieder nicht.
»Das ist mir zu kompliziert«, sagte der Zwerg und gähnte, laut und deutlich. Und dreimal hintereinander. Anna gähnte mit ihm, laut und deutlich. Und dreimal hintereinander.
»Ja, ja«, sagte der Papa. »Glück macht müde!«
»Dann bin ich wohl der glücklichste Zwerg der Welt«, murmelte der Zwerg und schnarchte los.

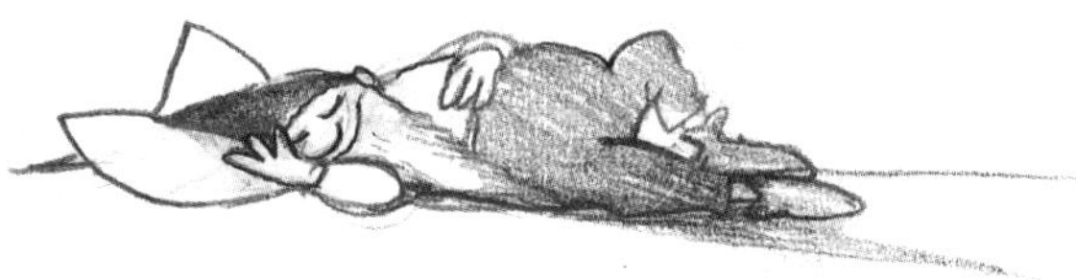

Christine Nöstlinger-Edition der Verlage Beltz & Gelberg und Jugend und Volk

Am Montag ist alles ganz anders
Roman. 128 Seiten, Pappband (79634) *ab 10*

Anatol und die Wurschtelfrau
Roman. 208 Seiten, Pappband (79630) *ab 10*

Das Austauschkind
Roman. 160 Seiten, Pappband (79631) *ab 12*

Der geheime Großvater
Erzählung. 156 Seiten, Pappband (79632) *ab 9*
Österreichischer Kinderbuchpreis u. a.

Maikäfer, flieg!
Mein Vater, das Kriegsende, Cohn und ich
Roman. 216 Seiten, Pappband (79633) *ab 12*
Holländischer Jugendbuchpreis »Der silberne Griffel« u. a.

Oh, du Hölle!
Julias Tagebuch
Bilder von Christine Nöstlinger jun.
204 Seiten, Pappband (79635) *ab 12*

Rosa Riedl, Schutzgespenst
Roman. 200 Seiten, Pappband (79636) *ab 10*
Österreichischer Jugendliteraturpreis u. a.

Wetti & Babs
Roman. 264 Seiten, Pappband (79637) *ab 12*

Der Zwerg im Kopf
Roman. Mit Bildern von Jutta Bauer
168 Seiten, Pappband (79638) *ab 9*
Zürcher Kinderbuchpreis »La vache qui lit«

Beltz & Gelberg
Beltz Verlag, Postfach 100154, 69441 Weinheim